Über die Autorin:

Mag. Monika Aschl, geboren 1968, studierte Biologie und hat ihre Begeisterung für die grünen Wegbegleiter nie aus den Augen verloren.

Auf Basis ihrer Skripten zu Kursen und Vorträgen entstand dieses Buch mit dem Titel 'Liebestrank und Lebenselixier' sowie das Buch 'Mit Gewürzen und Kräutern kochen und heilen', welches im Ennsthaler Verlag erschien ist.

Monika Aschl

Liebestrank & Lebenselixier

Mit Rezepturen und Mixturen

© Monika Aschl, 2016

Lektorat: Stephanie Lindner, Salzburg
Covergestaltung: Tom Halwa, pixREmix
Herstellung und Verlag: BoD – Books on Demand, Norderstedt

ISBN: 978-3-7412-8521-9

Das vorliegende Buch ist sorgfältig erarbeitet worden. Dennoch erfolgen alle Angaben ohne Gewähr.
Die Autorin kann für eventuelle Nachteile oder Schäden, die direkt oder indirekt aus den Hinweisen, Informationen und Rezepten dieses Buches resultieren, keine Haftung oder Verantwortung übernehmen.
Jeder Leser bleibt aufgefordert, in eigener Verantwortung zu entscheiden, ob und inwieweit die hier angegebenen Methoden und Therapievorschläge für ihn eine Alternative zur Schulmedizin darstellen.

Inhaltsverzeichnis

Vorwort 13
Rezeptteil 15
Heiße und kalte Kräuter 17
    Liebeserwecker 18
    Mexikanischer Kakao 18
    Kakao à la Cocola 18
    Anden-Smoothie 19
    Traditionelle Anden-Maca-Milch 19
    Ingwer-Syrup 19
    Bockshornkleetee 19
    Ginsengtee 20
    Frühjahrslust 20
    Amor Brasilia 20
    Liebster-Tee 21
    Feuerwasser 21
    Damianatee 21
    Damiana-Reigen 22
    Guaranaelixier 22
    Energy-Tee 22
    Teemischung gegen Impotenz 22
    Boner Toner 23
    Schlafbeerentee 23
    Katertees 24
    Tee für klare Köpfe 25
    Tee für die weibliche Balance 26
Geistige Getränke 27
    Liqueur de Cocaign 29
    Liqueur der Verliebten 29
    Benedictine 30

Sonniges Holz	30
Tropische Sonne	31
Männertrank für den Jadestößel	31
After-Eight-Likör	32
Blumiger Champagner	32
Chablis de l'Amour	33
Rosenwangen-Frauenblüten	33
Rosenlikör	34
Rosenwein	34
Hypocras	35
Wintersonne	35
Liebevoller Wein	36
Feuer Madeiras	36
Mexikanischer Kakao	37
Seele des Damiana	37
Liebestonikum	38
Entrischer Liebeswein	38
Dschungelrum	39
Lovely Lemon	39
Atholl Brose	40
Zwiebelwein	40
Königlicher Wein	41
Brennnesselsamen-Wein	41
Bärlauchwein	42
Rosmarin-Salbei-Rotweinelixier	42
Ginsengwein	43
Männerwein	43
Angelika-Wein	43
Kalmusmost	43
Seelenwein	44
Vanilletinktur	44
Vanille-Basilikum-Tinktur	44

Dolce Vita-Tropfen	45
Hinweis an die holde Männlichkeit!	46

Speisezutaten ... 47

Essig der vier Diebe	48
Üppige Variation für vier Diebe	48
Liebesmischung	49
Mittelalterliche Liebesmischung	49
Gewürzmischung des Maimonides	49
Orientalische Liebesmischung	50
Antikes Frühstücksrezept zur Erhaltung der Lebensgeister und Jugend	51
Frische Kräuter der Liebe	51
Angelika-Tropfen	51
Eine Suppe, die Männer und Frauen macht	52
Knoblauch-Koriander-Hochzeit	52
Liebeszwiebelsirup	53
Brennnesselkraftfutter	53
Venusgelb	53
Knoblauchhonig	54
Pistazienhalva	54
Guten-Morgen-Trank	54
Marcipanis amatorium	55
Kleopatras Köstlichkeit	55
Knabbern – erotisch, knackig, steirisch	56
Knabberzeug für nebenbei	56
Süßer Kalmus	56
Eine stehende Lanze für Haferbrei und andere Missachtete	57
Fit for Life and Love	58

Bäder ... 61

Aphrodisischer Badezusatz	63

Kräuter der Sinnlichkeit 63
Badenmischung nach Valnet 63
Variation der Badenmischung nach Valnet 64
Kalmusbad 64
Verführendste Kompositionen ätherischer Öle
Lust und Liebe-Bad 64
Fröhliche Badenmischung 64
Venusduft 65
Rosenliebe 65
Frauenfreuden 65
Aphrodite's Dance 65
Erektionsförderndes Sitzbad 65
Dianas Freuden 66
Freier Fall in die Liebe 66

Öle der Sinnlichkeit 67

Maimonides Liebesöl 68
Öl des Orients 68
Eros-Öl 68
1001 Nacht 69
Magische Venus 69
Blumige Liebe 69
Olio Antico 69
Rosenkuss 70
Balsam für Muschel und Krabbe 70
Rosenrotöl 71
Schokoladenbalsam 71
Mädchenhonig 71

Düfte der Liebe 73

Venusfeuer 75
Venusweihrauch 75
Rauchwerk der Liebe 75

Rauchopfer für Aphrodite	75
Liebe und Lust	76
Damianamischung	76

Lebenselixiere 77

Kleiner Schwedenbitter	79
Vespétro	79
Lebenselixier	80
Chinesisches Tonikum	80
Duchesenes Lebenselixier	80
Tonikum für Innen und Außen	81
Chartreuse	81
Warburger Tropfen	82
Langes-Leben-Schnaps	82

Pflanzen-Portraits 83

Pflanzen der Freude und Stärke 85

Alraune	91
Catuaba	95
Chinesischer Raupenpilz	97
Damiana	101
Engelwurz	105
Engelslutscher	107
Ginseng	109
Glänzender Lackporling	113
WeiQi-Suppe	116
Grüner Tee	117
Guarana	121
Kalmus	125
Katzenkralle	129
Maca	133

Muria Puama	137
Rosmarin	139
Petersilie	143

Anaphrodisiaka 147

Keuschlamm	149
Seerose	151
Chinesisches Rezept bei vorzeitigem Samenerguss	152
Linde	153

Kleines Nachwort 155

Glückstee	155

Danksagung 157

Literaturquellen 159

Index 163

Für
Edith und Albin
in Liebe

Vorwort

Geneigter Leser, dieses Buch soll Herz und Seel' erfreuen und uns spielen lassen. Mit Kräutern, Wissen und den Kissen.
Eine Gutzahl an Rezepturen, die inspirieren und animieren, wurden von mir zusammengetragen. Seien Sie so frei, sie zu erproben und variieren. Pflanzen, die mir sehr am Herzen liegen, werden vorgestellt und beleuchtet.
Lassen Sie sich ganz im Sinne klassischer Dichter dazu verführen, die Lust zu lieben.

»Uns ergötzen die Freuden des echten nacketen Amors
Und des geschaukelten Bettes lieblicher knarrender Ton.«

Johann Wolfgang Goethe

Heiße und kalte Kräuter

»Die Göttin hat mir Tee gekocht
Und Rum hineingegossen;
Sie selber aber hat den Rum
Ganz ohne Tee genossen.«

Heinrich Heine, 'Die Göttin hat mir Tee gekocht'

Pflanzen lassen sich mannigfach zubereiten, um ihren Nutzen freizugeben. Eine der einfachsten Methoden ist der Tee. Einfach bedeutet nicht arm an Mythos und Wirkung. Man bedenke die hochkultivierte Teezeremonie Japans und erinnere sich an den Beruf des Heißwasserverkäufers in China. Der klassische Tee (*Camellia sinensis*) soll von niemand Geringerem als Buddha selbst entdeckt worden sein. Und seine Mönche in China wurden, ähnlich den christlichen Mönchen nördlich der Alpen, Meister in der Zubereitung eines Getränkes. In China war es der Tee, nicht das Bier. Die Mönche widmeten sich dem Anbau der Pflanze, ihrer Zucht und der Fermentierung sowie Zubereitung. Jedes große buddhistische, chinesische Kloster hatte seinen charakteristischen Tee.

Wenn man allein betrachtet, wie viele Arten des klassischen Tees existieren, wundert es nicht, welch weites Feld an Teepflanzen vor unseren Haustüren liegt.

Die Zubereitung der Kräutertees kann pragmatisch oder sinnlich sein, je nach Façon des Trinkers.

Meist wird ein Teelöffel - nomen est omen - Kräutergemisch mit einer Tasse kochendem Wasser übergossen und ziehen gelassen. Die Dauer des Ziehens kann kurz mit zwei bis fünf Minuten bemessen sein oder zehn bis fünfzehn Minuten betragen. Das kommt auf den persönlichen Geschmack an. Bloß länger soll ein Tee nur ziehen, wenn ausdrücklich darauf hingewiesen wird. Ansonsten lösen sich auch beim Kräutertee Wirkung und Geschmack beeinträchtigende Inhaltsstoffe, wie Gerbstoffe und andere.

Die Rezeptsammlung besteht aus sehr vielen Teezubereitungen und einigen anderen Getränken; seien sie heiß oder kalt, sie sollen Sie erfreuen.

Liebeserwecker

I)
5 g Knoblauch - 5 g Zwiebeln - 1 Prise Minze - 1 Prise Bohnenkraut
Diese Teemischung ist ausreichend für einen Liter Wasser. Der komische Geschmack wird Sie, wenn Sie Humor haben, zum Lachen bringen.

II)
1 Prise Bärenklau - 1 Prise Bohnenkraut
½ Prise Brennnesseln - ½ Prise Maisbart
Diese mehr nach klassischer Kräuterteemischung schmeckende Rezeptur wird ebenfalls für einen Liter Wasser verwendet.
Diese zwei Tees sollten immer gemeinsam mit dem Partner getrunken werden und haben ihren Ursprung in der würzig duftenden Provence.

Mexikanischer Kakao

25 g Kakaobohnen - 25 g Maismehl - 1 Prise Cayennepfeffer
1 Tl Zimt - 1 bis 2 Tl Vanilletinktur
1 El Maticopfeffer, falls vorhanden - 3 od. 4 Körner Piment
Honig oder Ahornsirup nach Belieben - 1 dl Wasser

Die Kakaobohnen sind in einer Pfanne leicht zu rösten und dann zu zerreiben. Der Kakao und das Maismehl wird mit dem Wasser verrührt, aufgekocht und danach werden die Gewürze eingerührt. Bei Bedarf ist noch zu süßen und schon ist dieser sehr sättigende 'Energy-Drink', der bei Erschöpfungszuständen jeglicher Art neue Energien verleiht, fertig.

Kakao à la Cocolá

¼ l Wasser - 5 Tl Kakaopulver - 1 Prise Cayennepfeffer
1 Tl Zimt - 1 Msp. Kardamom - 1 Msp. gemahlene Nelken
3 od. 4 Körner Piment - ½ Vanilleschote - 4 Tl Zucker

Die Vanilleschote kratzt man aus und fügt sie den anderen Zutaten bei. Nun wird alles gemeinsam zum Köcheln gebracht und fünf Minuten simmern gelassen.
Ein Kakao, der auch Johnny Depp verführen könnte.

Anden-Smoothie

½ Tasse Kokosmilch - ½ Tasse Ananassaft
1 zerstückelte, gefrorene Banane - ½ Tasse frische Ananasstücke
¼ Tasse Kokosnussraspeln - 2 Tl Macapulver

Alle Zutaten werden gemeinsam in einen Mixer gegeben und püriert.
Der Anden-Smoothie ist fertig und gibt Ihnen den Kick für den Tag oder die Nacht. Und nicht zu vergessen, er schmeckt sehr lecker.

Traditionelle Anden-Maca-Milch

2 gekochte Wurzeln oder 2 EL getrocknetes Maca
1 ½ Tassen Milch oder 2 bei getrocknetem Maca
1 El Honig - 1 Prise Vanille und Zimt - 1 Ei für die ganz Harten

Alle Zutaten werden gemeinsam in einen Mixer gegeben und püriert.
Dieser Morgentrunk macht selbst Totgefeierte wieder munter.

Ingwer-Syrup

500 ml ungeschälter frischer Ingwer - 1 l Wasser - 250 ml Honig

Der in dünne Scheiben geschnittene Ingwer wird mit dem Wasser langsam aufgekocht und dreißig Minuten simmern gelassen. Nun wird die Flüssigkeit abgeseiht und mit dem Honig vermengt.
Der fertige Syrup wird im Kühlschrank aufbewahrt. Bitte verwenden Sie nur Ingwer aus biologischem Anbau, da auch die Schale extrahiert wird.
Der herzerwärmende Syrup ist schnell mit Wasser oder Saft zu einem erfrischenden, belebenden Getränk verarbeitet. Etwas Kleines, Gutes, was man sich zwischendurch gönnen kann.

Bockshornkleetee

Nicht nur die nachlassende Haarkraft, sondern auch die Manneskraft wird mit Bockshornklee kuriert.
Dazu nehmen Sie einen Teelöffel der Samen und lassen sie fünf Stunden in einem Viertelliter kaltem Wasser ziehen. Danach kocht

man den Auszug kurz auf und seiht sogleich ab. Mit Honig gesüßt, wird das Getränk vor dem Liebesakt eingenommen.

Für die Anwendung als Haarwuchsmittel wird der Samen zerstoßen und in Sesamöl ein bis zwei Wochen ziehen gelassen. Mit diesem Öl reibt man sich drei Stunden vor dem Haarewaschen die Kopfhaut ein.

Ginsengtee

10 g pulverisierte Ginsengwurzel - 10 g Süßholz
10 g frisch geriebener Ingwer - 1 kleingeschnittene Dattel

Alle Zutaten werden in einem halben Liter Wasser aufgekocht und zehn Minuten ziehen gelassen. Hernach seiht man den betörenden Tee ab und süßt ihn, wenn überhaupt noch nötig, mit Honig.

Ginseng wirkt nur bei regelmäßiger Einnahme. Daher verwenden sie diesen Tee mehrmals im Jahr kurmäßig, um eine Körperstärkung zu erreichen.

Frühjahrslust

4 El Sassafrasholz - 2 El Guajakholz - 2 El Schachtelhalm
2 El kleingeschnittene Sellerieblätter - 2 El Brennnesselsamen
2 El Bohnenkraut - 4 El geriebene Petersilienwurzel

Ein Esslöffel der Mischung wird mit kochendem Wasser überbrüht und ca. acht Minuten ziehen gelassen. Dann abgießen. Für eine Frühjahrsschwungkur empfiehlt es sich, täglich zwei Tassen Tee zu trinken.

Die Vitalität und die Lebenslust wird durch diesen Tee gesteigert und auch die Winterdepression aus dem Kopf gejagt.

Amor Brasilia

1 El Catuaba Rinde - 1 Stückchen Süßholz - 1 Prise Zimt

Die Zutaten werden fünf Minuten in einem Liter Wasser ausgekocht, danach lässt man den Tee noch fünfzehn Minuten ziehen, bevor man ihn abseiht.

Zwecks geschmacklicher Verbesserung kann man ihn süßen. Er sorgt auf alle Fälle für süße Stunden.

Liebster-Tee

1 Teil Damianakraut - 1 Teil Bohnenkraut - 1 Teil Rosmarin
1 Teil Basilikum
Nach Lust und Laune:
Gewürznelken, Vanille, Zimt, Muskatnuss und Honig

Damiana, Bohnenkraut, Rosmarin und Basilikum mischen. Von dieser Mischung einen Teelöffel pro Tasse Tee überbrühen. Höchstens fünf Minuten ziehen lassen, abseihen und dann mit Gewürznelken, Vanille, Zimt und Honig abschmecken.
Die Muskatnuss bitte vorsichtig dosieren. Lieber einen Hauch, als ein Haucherl zu viel.
Dieser Tee vertreibt die Wintermüdigkeit und lässt einen das trübe, schlechte Wetter angenehm nutzen.

Feuerwasser

3 Tl Kawa Kawa - 3 Tl Muira Puama - 2 Tl Damiana
2 Tl Kaktusblüten - 2 Tl Rosmarin - 2 Tl Sternanis
1 Prise Chilipulver

Die Kräuter werden in einem halben Liter Wasser für kurze Zeit (ca. drei Minuten) abgekocht. Sodann lässt man das aromatisierte Wasser noch zehn Minuten gemeinsam mit den Zutaten ziehen.
Die Stimmung steigt durch den Genuss des 'Feuerwassers', ebenso lässt es die Gedanken frei fliegen wie Vögel.

Damianatee

3 Teile Damianakraut - 2 Teile Pfefferminzkraut
1 Teil Pomeranzenblüten oder Orangenblüten

Ein Teelöffel der Mischung wird für eine Tasse Tee verwendet. Diesen lässt man nach dem Überbrühen fünf Minuten ziehen. Der bittere Geschmack kann mit etwas Honig abgeschwächt werden.
In Mexico wird der Tee von Frauen ein bis zwei Stunden vor dem Akt der Liebe getrunken. Dies fördert die Hingabe und das Versinken in die Lust.

Damiana-Reigen

2 Teile Damianakraut - 1 Teil Pfefferminzkraut
1 Teil Rosenblüten - ½ El Süßholz - ½ El Gewürznelken
½ El gebröselte Zimtrinde - ½ El Ingwerstücke

Ein gehäufter Teelöffel der Mischung reicht für eine Tasse Tee. Diesen lässt man nach dem Überbrühen fünf bis sieben Minuten ziehen.

Guaranaelixier

Hierbei handelt es sich um ein sehr erregendes Pflanzentonikum, dessen Wirkung schnell einsetzt. Die Samen können dreimal verwendet werden.

Man übergießt eine halbe Hand voll im Mörser zerkleinerter Guaranasamen mit einem Liter kochendem Wasser und lässt sie zehn Minuten ziehen.

> Jedoch Achtung: Nichts für Personen mit Erkrankungen der Herzkranzgefäße oder hohem Blutdruck!

Energy-Tea

1 Teil Jatoba (Hymenaea courbaril) Rinde
1 Teil Guaranasamen - 1 Teil Mate

Ein gehäufter Teelöffel der Mischung wird für eine Tasse Tee verwendet. Diesen lässt man nach dem Überbrühen fünf Minuten ziehen. Ein Tee für alle, die an dem Tag noch viel vorhaben oder sich schlapp fühlen und unkonzentriert sind.

Teemischung gegen Impotenz

I)

3 Teile Bohnenkraut - 1 Teil Rosmarin
1 Teil Minze - 1 Teil Verbene

Trinken Sie vierzig Tage lang morgens und abends eine Tasse dieser Teemischung (drei Prisen Mischung pro Tasse). Danach nehmen sie drei Tage lang reinen Bohnenkrautaufguß (zwei Prisen pro Tasse) zu sich.

II)
1 Teil Vanilleschoten - 1 Teil Pfefferminzblätter
1 Teil Blätter und Früchte der Balsambirne (Momordica charantia)
Dieser Tee soll dreimal täglich über längere Zeit getrunken werden. Eine Prise Teemischung mit einer Tasse kochendem Wasser überbrühen und nach zehn Minuten abseihen.
Die beiden Tees sollten nicht länger als fünf Minuten ziehen.

Boner Toner (Ständerwasser)

2 Teile Sarsaparilla-Wurzel (Smilax officinalis) - 2 Teile Ingwer
3 Teile Gingkoblätter - 1 Teil Süßholzwurzel
1 Teil Sägepalmenfrüchte - 1 Teil gebrochene Zimtstangen
1 Teil Zahnwehholz - 1 Teil Klettenwurzel
1 Teil sibirischer oder chinesischer Ginseng
evt. Orangenschalen oder Vanille

Ein Teelöffel der üppigen Teemischung pro Tasse wird in kochendes Wasser oder Cidre gerührt und zehn Minuten simmern gelassen. Wer es sehr süß mag, hilft mit Honig nach.
Die Kräuter wirken auf die Leber, die Prostata, das Kreislaufsystem, die Nieren und Nerven. Und sie helfen Männern auf die Sprünge.
Auch wenn bei uns Sarsaparilla eine ungewöhnliche Pflanze ist, ist sie in Nordamerika schon lange kommerzialisiert. Mit 'AYER'S SARSAPARILLA-THE BEST BLOOD MEDICINE' wurde bereits 1885 der kletternde Wein an den Mann gebracht. In der Karibik wird noch immer Sarsaparilla-Sirup produziert und getrunken. Und da es ein Herrenkraut zu sein scheint, wundert es niemanden, dass *Sasaparilla beer* gebraut wird.

Schlafbeerentee

2 - 4 g Schlafbeerenpulver - 1 Tasse Milch
1 Prise Ingwer und Zimt - Honig

Das Pulver wird in der Milch mit Ingwer und Zimt gemeinsam kurz aufgekocht und ziehen gelassen. Dann wird er nach Geschmack mit Honig gesüßt und getrunken.
Bitte beachten Sie, niemals mehr als eine Tasse dieses Tees pro Tag zu trinken.

Denn zuviel des Nachtschattengewächses ist nicht gut.

Auch wenn *Withania somnifera* auf Deutsch Schlafbeere heißt, so wird sie doch bei nervlicher Erschöpfung, Impotenz, Libidoverlust und natürlich Schlaflosigkeit eingesetzt. Der indische Name *Ashwaganda* kündet von ihrem zarten Duft nach Pferdeschweiß.

Doch von diesem Namen lässt sich kein Inder abschrecken und *Ashwaganda* hat in der ayurvedischen Medizin den selben Stellenwert, welchen Ginseng in China genießt. Die gemahlenen Samen werden in Indien, wie bei uns früher das Labkraut, zur Milchgerinnung verwendet.

Katertees

Diese Tees sollten genossen werden, wenn man tags zuvor ordentlich über die Stränge geschlagen hat.

Zuviel Alkohol dehydriert den Körper, daher der berüchtigte 'Brand', der unbezwingbare Durst. Übrigens nur eine der Nebenwirkungen unserer allseits beliebten und legalen Droge, der mit diesen Tees entgegengewirkt wird.

I)

1 Tl Berberitzenbeeren - 1 Tl Mahonie
1 Tl Orangenwurzel (Hydrastis canadensis)

Sollten Sie auch nur ein Kraut der Mischung zu Hause haben, es reicht schon für einen Katerverjagtee.

Entweder einen Teelöffel der Mischung oder des einzelnen Krautes mit einem halben Liter kochendem Wasser überbrühen und fünf Minuten ziehen lassen. Je mehr sie trinken, desto schneller sucht das räudige Tier das Weite.

II)

1 Tl Katzenminze - 1 Tl Pfefferminzblätter - 1 Tl Kreosotbuschblätter

Falls Sie keine Kreosotbuschblätter zur Hand haben, brauen Sie einen halben Liter Tee aus einem Teelöffel der gemischten Minzen.

Übrigens gehört dieser Busch zu den Methusalems unter den Pflanzen. Erst kürzlich wurde in der Nähe von Palm Springs ein Kreosot-Strauch gefunden, der auf mindestens 11.000 Jahre (!) geschätzt wurde.

III)
4 Teile Enzianwurzel - 1 Teil Ingwer
1 Teil Orangenschalen - 1 Teil Anis
Diese Mischung ist besonders zu empfehlen, wenn neben dem Katergemaunze auch noch der Magen rumort.
Auch hier einen Teelöffel auf einen halben Liter Wasser dosieren und ca. fünf Minuten ziehen lassen.

IV)
1 Teil Brennnesselblätter - 1 Teil Himbeerblätter
1 Teil Grüner Hafer - 1 Teil Zitronengras - 1 Teil Rotkleeblüten
Erkaltet kann man diesen Katertee einige Stunden im Kühlschrank weiter reifen lassen.
Hier benötigt man einen Teelöffel auf einem halben Liter Wasser und lässt ihn sehr lange ziehen. Dieser Tee füllt nämlich den Mineralhaushalt auf und braucht daher eine längere Zeit als zehn Minuten zum Ziehen (mindestens dreißig Minuten), um die Mineralien aus den Kräutern zu lösen.

Tee für klare Köpfe

4 Teile Gingkoblätter - 2 Teile Mate-Tee - 1 Stange Zimtrinde
2 Teile indischer Wassernabel (Gotu Kola)
1 Teil Rosmarinblätter - 1 Teil Pfefferminzblätter
Die getrockneten Kräuter werden mit dem zerbröselten Zimt gemischt.
Zwei Teelöffel der Mischung werden mit einer Tasse kochendem Wasser überbrüht und nach zehn Minuten abgesieht. Der Tee kann mit Honig gesüßt werden.
Denn nur ein klarer, gesunder Geist vermag die Freuden des Lebens wirklich zu schätzen.

Tee für die weibliche Balance

3 Teile Vogelbeeren - 2 Teile Klettenwurzeln - 1 Teil Süßholz

Die Vogelbeeren werden in einer alten Kaffeemühle oder einem Mörser zerkleinert. Alle Zutaten werden vermischt und licht- und luftdicht verwahrt.

Ein gehäufter Teelöffel wird mit einer Tasse Wasser aufgekocht und zehn Minuten simmern gelassen.

Frau beginnt über einen längeren Zeitraum mit einer Tasse pro Tag, wobei man sich auf bis zu drei Tassen täglich steigern kann, sollte man der Menge bedürfen.

Ein Tee, dessen Zubereitung Männern nahegelegt wird, da er gefühlsbetonende, hormonelle Nebenwirkungen mildert.

Geistige Getränke

»Und bald empfindest du mit innigem Ergötzen,
wie sich Cupido regt und hin und wieder springt [...]
Du siehst mit diesem Trank im Leibe,
bald Helenen in jedem Weibe.«

Johann Wolfgang von Goethe, 'Faust' (Mephisto)

Um Liköre, Geiste oder Weine selbst auszuziehen, benötigt man wenig:
einen Messbecher, eine Waage, einen Papierfilter (Tee oder Kaffee), ein Rexglas schön verschließbar mit großer Öffnung, einen Trichter, einen Krug oder eine Karaffe. Diese Gegenstände sind in den meisten Haushalten zu finden.

Fast immer werden bestimmte Kräuter oder Wurzeln mit einem alkoholischen Gemisch oder Ähnlichem übergossen und eine bestimmte Anzahl von Tagen ziehen gelassen. Hernach gießt man alles durch den Filter im Trichter. Wird noch ein Süßungsmittel untergemengt, empfiehlt es sich, den Auszug in eine Karaffe zu geben und dort mit der Süße zu vermischen. Das kann mittels Schwenken geschehen. Ebenso kann man den Auszug wieder in das inzwischen gesäuberte Rexglas zurückfüllen und die Vermengung mittels etlichem Auf-den-Kopf-und-wieder-zurück-Drehens herbeiführen.

Das Klären der Süße durch Kochen in Wasser oder einem Wasseralkoholgemisch ist, meiner Ansicht nach, nicht unbedingt notwendig. Natürlich trübt Honig den Likör. Jedoch macht er ihn somit geheimnisvoll undurchsichtig. Rohrzucker kann die Klarheit schon beachtlich trüben und führt relativ häufig zu einem optisch nicht ansprechenden Grauton im Getränk. Brauner Kandiszucker hingegen hinterlässt nur sein persönliches Aroma und ein wenig Färbung als Stempel im Likör. Manche lieben diese Note, andere möchten vielleicht darauf verzichten. Vollkommen neutral im Verhalten und nur der Süße verschrieben hat sich der raffinierte, weiße Zucker. In Form von Puderzucker löst er sich besonders emsig auf.

Das Wichtigste und leider immer wieder Verabsäumte bei der Likör- und Geist-Genese ist die Tugend der Geduld. Es mundet nicht,

gleich nach dem Abseihen und Filtrieren zur Flasche zu greifen. Der Geist und der Likör sind geruhsame Brüder. Sie wollen es sich erst in der Flasche gemütlich machen. Die Aromen müssen sich auch noch ausschnapsen, wie sie miteinander zurecht kommen. Daher mindestens zwei Wochen - es können ruhig noch ein paar mehr sein - mit dem Flaschenköpfen warten.
PS: ... aber nicht Jahre, denn dann können echt leckere Liköre so richtig fad werden.

Damit Sie nicht allzu tief für die, in den Rezepten immer wiederkehrenden, Vanilleschoten in die Tasche greifen müssen, kaufen Sie gemahlene Vanille. Diese ist weit günstiger, da die Schoten vor dem Vermahlen nicht nach der Größe sortiert werden müssen. Zur besseren Handhabung hier die Umrechnung:
3 g Vanillepulver entsprechen in etwa einer Vanilleschote.
Ihrem Gaumen zuliebe verwenden Sie nur guten Wein. Mag seine Note auch mit Gewürzen und Spezereien sehr verändert werden, so bildet sie doch das Fundament.
Und nun ans Werk, denn:

»*Sine Bacchos friget Venus.*«
»*Ohne Bacchus ist Venus kalt.*«

Terenz (römischer Komödienschreiber, 190 – 159 v. Chr.)

Materialliste
- 1 oder 2 Einweckgläser (1 - 2 Liter)
- Trichter aus Glas, Porzellan oder Plastik
- Kaffeefilter
- Langer Löffel oder Stab aus Glas, Porzellan oder Plastik

Liqueur de Cocaign

1 Tl Galgantwurzel - 1 Tl Ingwerwurzel - 2 Stangen Zimt
einige Körner Zitwerwurzel - 3 bis 4 Stk. Nelken
1 Muskatnuss und etwas Macis - 10 Körner Kubeben
0,7 l Brandy - Honig nach Geschmack

Die leicht zerstampften Gewürze mit dem Brandy übergießen und drei Tage lang an einem warmen Ort (20°) im Dunklen ziehen lassen. Dann den Brandy filtrieren und nach Belieben mit Honig süßen. Der Liqueur ist schnell zubereitet, kann jedoch sehr scharf werden. Nichtsdestotrotz ist er ein leckeres Tröpfchen und ein Stärkungsmittel für Aktivitäten aller Art. Man sollte täglich aber nicht mehr als ein Schnapsglas davon trinken.
Statt der Kubeben kann man zur Not auch Pfefferkörner verwenden.

Liqueur der Verliebten

3 g Enzian - 3 Pfefferminzhalme - 3 Rosmarinhalme - 1 Orangenblatt
1 Orangenblüte - 1 dünne Orangenschale - 2 Korianderkörner
1 l Traubenbranntwein - Honig oder Palmzucker nach Geschmack

Der Enzian, der Koriander und die Orangenblüte werden in einem Mörser aus Stein oder Olivenholz zerstoßen. Danach werden alle Zutaten bis auf ein eventuelles Süßungsmittel in die Flasche mit dem Branntwein gegeben. Die Kräuter werden vier Tage darin weichen gelassen.
Seihen Sie den Likör nun ab. Falls erwünscht, süßen Sie den Kräuterauszug und füllen ihn in einen schönen Flacon.
Malerisch nimmt es sich aus, wenn man einen Rosmarinhalm, einen Pfefferminzhalm und eine frische Orangenblüte im Flacon belässt.

Benedictine

4 g Enzianwurzel - 1 g Gewürznelken - 3 g Zimt
2 g Pfefferminze - 2 g Nana Minzblätter (arabische Minze)
1 g Wermut (Artemisia absinthium) - 1 g Majoran - 1 g Thymian
1 g Galgantwurzel - 1 g Rhabarberwurzel - 1 g Lavendelblüten
10 Fäden Safran - 2 l Vodka oder Korn - 500 bis 600 g Zucker

Die Wurzeln und Gewürze werden mit 1,6 l Vodka in einem Zweiliterrexgefäß angesetzt. Man lässt alles zusammen 2 Stunden ziehen. Nun erhitzt man 0,4 l Vodka und rührt den Zucker ein bis er sich vollkommen gelöst hat. Den heißen, alkoholischen Zuckersirup fügt man dem Ansatz hinzu. Sodann lässt man alles abkühlen. Daraufhin filtert man den Likör ab und füllt ihn in Flaschen. Diese sollten zwecks Aromaentfaltung unbedingt noch zwei Monate lagern.
Benedictine ist ein lockernder, anregender und stärkender Likör.

Sonniges Holz

40 g Muira-Puama (Potenzholz) - 4 Nelken - 3 Zimtstangen
5 g Galgant - 1 bis 2 Salbeiblätter - 2 Zweiglein Rosmarin
300 ml Weingeist - 700 ml abgekochtes Wasser

Das fein zerstoßene Muria Puama wird mit den anderen Zutaten gemeinsam in dem Wasseralkoholgemisch eine Woche ziehen gelassen. Danach wird der Geist filtriert.
Mehr als ein gutes Stamperl täglich sollte man sich nicht gönnen.
Es ist ein sonniger Geist, der Nerven stärkt, den Stress mildert und bei Überfüllung des Magens hilft. Nebenbei ist das 'sonnige Holz' auch ein mildes Aphrodisiakum, welches nicht aufputscht, sondern entspannt. Gemeinhin wird Muira-Puama als Aphrodisiakum für den Mann und seinen kleinen Gefährten verstanden. Doch auf die Seele der Frau wirkt es auch.

Tropische Sonne

40 g Muira-Puama (Potenzholz) - 8 g frische Ingwerwurzel
10 g Rhabarberwurzel - 2 Stk. Sternanis - 1 Vanilleschote
300 ml Weingeist - 700 ml abgekochtes Wasser

Muria Puama wird fein zerstoßen, der Ingwer fein gehackt und die Rhabarberwurzel mit dem Sternanis im Mörser zerkleinert. Die geschlitzte Vanilleschote wird mit den anderen Zutaten gemeinsam im Wasseralkoholgemisch für zwei Wochen ziehen gelassen. Danach wird der Geist filtriert.
Mehr als ein gutes Stamperl täglich sollte man sich nicht gönnen.
Die tropische Sonne und das sonnige Holz sind nah verwandte Tränke und man oder frau sollte seinen oder ihren Favoriten wählen.

Männertrank für den Jadestößel

35 g Muira-Puama (Potenzholz) - 25 g Damiana
10 g Königskerzenblüten - 10 g Honigkraut - 10 g Sabalbeeren
5 g Stechmyrte - 2 Vanilleschoten - 3 EL Akazienhonig
1 l Vodka - 1 Flasche Rotwein (0,7 l)

Die Kräuter, Wurzeln und Beeren ein wenig im Mörser zerstoßen. Nun mit 0,5 l Vodka gemeinsam 3 Wochen ziehen lassen.
Danach die Mischung kurz aufkochen, während des Kochens Honig einrühren und nach kurzem Abkühlen mit 0,5 l Vodka aufgießen. Nach der endgültigen Abkühlung das Extrakt abseihen. Nun erscheint der Wein auf dem Plan und wird mit dem Extrakt vereint.
Dem Geschmack zuträglich ist es, das Getränk nach der Abfüllung noch 1-2 Wochen reifen zu lassen.
1-2 Likörgläser täglich, vornehmlich nach dem Essen, schmeicheln der Seele, stärken den Körper und regen den sinnlichen Genuss an.

After-Eight-Likör

15 Stängel Pfefferminze - 1 Vanilleschote
½ geriebene Zitronenschale - 500 g Honig
450 ml Weingeist - 1 l abgekochtes Wasser

Man vermengt das abgekühlte Wasser und den Honig mit dem Weingeist. Nun füllt man die gewaschene und kleingehackte Pfefferminze mit der Vanilleschote in ein Gefäß und übergießt sie mit dem Wasseralkoholgemisch. Das lässt man alles zwei Wochen lang ziehen. Erst dann fügt man die Zitronenschale bei und lässt wiederum alles drei Tage ruhen. Nun wird abgeseiht und in Flaschen gefüllt. Damit der Likör ganz vorzüglich wird, lagert man ihn weitere drei Monate in Flaschen und genießt ihn erst danach.

Mit dem Begriff flüssiges, süffiges After-Eight ist der Likör bestens charakterisiert. Die Pfefferminze, Aphrodites Freundin, ist ein die Müdigkeit vertreibendes, verdauungsförderndes Kraut, welches auch die Sinnlichkeit nicht zu kurz kommen lässt.

Blumiger Champagner

Blütenblätter 9 tiefroter Nelken - 2 bis 3 Borretschblätter
5 bis 6 Borretschblüten - 1 Flasche Champagner - 1 Silberlöffel

Nelken, besonders die sattroten, gelten in Italien als aphrodisisch. Dort aromatisiert man auch gerne Wein mit ihnen. Der Borretsch spricht laut alten Quellen dem Herzen Mut zu.

Die zerrupften Blüten und Borretschblätter werden in die geöffnete Champagnerflasche gegeben und einige Stunden in ihm ziehen gelassen. Dazu stellt man die Flasche in den Kühlschrank und hängt einen Silberlöffel in den Flaschenhals, damit das Getränk nicht schal wird.

Das durch ein Sieb ausgeschenkte Getränk wird mit den heiteren Borretschblüten garniert.

Chablis de l' Amour

20 g Vanilleschoten (geteilt) - 20 g Zimtrinde (gebrochen)
20 g Rhabarber - 20 g Ginseng - 1 Flasche Chablis (0,7 l)
1 Hand voll Johanniskrautblüten

Ein intensiver Liebestrank aus Frankreich.
Man mischt die Kräuter mit dem Chablis oder einem anderen entsprechenden Wein, verschließt das Gefäß und lässt alles zwei Wochen reifen. Nun gießt man den Trank durch einen Kaffeefilter ab und fügt dem Ganzen die Johanniskrautblüten zu. Diese sollen wieder zwei Wochen in dem Chablis verweilen.
Sodann wird nochmals abgegossen und die rote Farbe bewundert, welche der Trank nun dank der Blüten hat.
Es ist ein pures Stärkungsmittel, das man sich und dem Partner zu diesem Zwecke einschenken kann. Beginnen sollte man mit einem Schnapsglas, wobei auch ein Likörglas zu empfehlen ist. Dieser französische Liebestrank wird ausschließlich in einer solchen Dosis zweisam getrunken.
Die mystischere - wenngleich auch nicht zur Nachahmung empfohlene Rezeptvariante - spricht von zerstoßener Alraunwurzel, welche statt Ginseng dem Wein beigemischt werden soll. (Dabei würden von jeder Zutat bis auf das Johanniskraut 25 g verwendet werden.)

> Jedoch Achtung: Alraune ist giftig!

Rosenwangen-Frauenblüten

Allen Frauen sei gesagt, dies ist ein Trunk nur für euch. Mag zwar der Mönchspfeffer in manchen aphrodisischen Rezepten seinen Platz haben, so blüht nur Venus durch ihn auf. Mars und mit ihm der Rest der Männlichkeit macht er lammfromm und welk.

450 g frische Rosenblütenblätter - 4 Vanillestangen
120 g Mönchspfeffer - 120 g Damiana
Honig nach Lust und Laune
300 ml Weingeist - 700 ml abgekochtes Wasser

Die Blüten werden mit den Kräutern gemeinsam im Wasser-Weingeistgemisch zwei Wochen lang ziehen gelassen, alsdann wird abgeseiht und mit Honig abgeschmeckt.
Frau, vergesst nicht: Ein Trunk nur für das weibliche Geschlecht!

Rosenlikör

350 g Hagebutten - 150 g Honig
300 ml Weingeist - 700 ml abgekochtes Wasser

Man vermengt das abgekühlte Wasser und den Zucker mit dem Weingeist. Nun setzt man die Hagebutten darin an. Wer möchte, kann eine halbe Vanilleschote dazugeben. Dann lässt man dem Likör einen Monat Zeit zum Reifen. Jetzt erst abfiltern.
Dieser köstliche Likör mit zärtlich rotem Schimmer ist ein vorzügliches Tonikum. Ein Likörglas täglich reicht zur Stärkung.

Rosenwein

1 Flasche trockener Weißwein - 2 Tl Kamille - 100 g Akazienhonig
8 duftende Rosenknospen - 1 Hand voll Rosenblätter
2 Vanilleschoten - 2 Tl getrocknete Äpfel - ½ Zimtstange

Ein leichtes Getränk für schöne Stunden.
Die Kamille, die Rosenknospen, eine Vanilleschote und die getrockneten Äpfel werden mit dem Wein übergossen und einen halben Tag ziehen gelassen. Dann seiht man das Getränk ab, gibt die zweite Vanilleschote, die Rosenblätter und - falls frau die süße Seite liebt - auch den Honig hinzu. Noch einen Tag ziehen lassen und wieder abseihen.

Fertig ist das spritzige Getränk, welches beim Gang in die Rosen auf's Betörendste begleitet.
Als Anmerkung zu älteren Gedichten, die frau über Rosen und Damen lesen kann: 'ein Röslein brechen' ist eine schönmalerische Umschreibung für den unfreiwilligen Raub der Unschuld. Hingegen ein beiderseits erwünschtes amouröses Abenteuer wird mit den Worten 'in die Rosen gehen' umschrieben.

Hypocras

Das Aphrodisiakum von Ludwig XIV. von Frankreich wurde dem berühmten Arzt der Antike, Hypokrates, zugeschrieben. Es gibt mehrere Varianten davon. Hier folgen zwei:

I)

1 l Rotwein - 350 g Zucker - 2 Peperoni - 3 Zimtstangen
2 EL grob gehackter Ingwer - 12 Gewürznelken
eine in Scheiben geschnittene Renette - 1 Körnchen grauer Amber

Alle Gewürze und die anderen Zutaten werden einen Tag lang im Wein mazeriert. Danach wird abgeseiht und der aromatisierte Wein in einer Glasflasche verwahrt.
Der Wein schmeckt sehr würzig, öffnet aber das Tor zum Himmel der Lustbarkeiten.

II)

7,5 g Zimt - 1 g Ingwer - 0,5 g Muskatnuss - 0,5 g Gewürznelken
20 Tropfen Bitterorangenöl (Pomeranzenöl)
25 ml hochprozentiger Alkohol
150 ml Ahornsirup - 1 l schwerer Rotwein

Lassen Sie alles gemeinsam einige Tage ziehen und seihen Sie das Getränk danach ab. In einer edlen Glaskaraffe kommt dieser gehaltvolle und anregende Trunk am Besten zur Geltung.

Wintersonne

1 Vanilleschote - 1 Tl getrocknete Jasminblätter - ¼ Zimtstange
1 Nelke - 1 Tropfen Jasminöl - Kandiszucker nach Geschmack
1 Flasche Rotwein

Die Gewürze werden drei Tage im Wein ziehen gelassen. Danach seiht man den Wein ab, mischt nach Lust und Laune fein gemahlenen oder zerstoßenen Kandiszucker dazu und erhitzt sanft das Getränk.
In den warmen Trunk wird das Jasminöl als Tüpfelchen auf dem I untergemischt.
Die Vanille allein ist schon betörend; ergänzt mit Zimt, Liebesnägeln - wie Nelken im Volksmund genannt werden - und Jasmin, der

einem schon als Blüten übersäter Busch den Kopf verdreht, schwebt es sich leicht in wärmere Gefilde.

Die Wintersonne, nur an manchen Abenden scheinend, leuchtet Ihnen hierbei den Weg.

Liebevoller Wein

25 g gemahlene Vanille - 6 bis 9 Zimtstangen - 35 g Ginsengwurzeln
25 g Rhabarberwurzeln - 20 Tropfen Ambertinktur
1 Flasche Madeira

Die Kräuter werden mit dem Wein übergossen. Hernach lässt man die Kräuter zwei Wochen lang im Wein in Ruhe ziehen. Nun erst filtriert man den Wein und mischt die abgezählten Tropfen der Ambertinktur darunter.

Ein hübsches Likörgläschen davon ist ausreichend für einen Tag und eine Nacht.

Feuer Madeiras

125 g gehackte Mandeln - 7 g Gewürznelken
45 g gebrochene Zimtstangen - 9 Tropfen Muskatellersalbeiessenz
500 g brauner Kandiszucker - 1 Flasche Madeira - 350 ml Korn

Die Mandeln gemeinsam mit den Gewürzen und dem Zucker in den mit Korn vermengten Madeira geben. Gut verschlossen nimmt der Wein eine Woche lang die Wirk- und Geschmacksstoffe auf.

Nun wird der Trunk abgeseiht. Bei Zeiten ein kleines Schlückchen (Stamperl) kann niemand verwehren und auch nicht die Finger davon lassen.

Mexikanischer Kakao
(Finger und Herz wärmend)

1 l Milch - ¼ l Wasser - 2 Vanilleschoten - 4 El Kakao
2 El Honig - 2 El Zucker - 1 Prise Salz - 1 Msp. Cayennepfeffer
80 ml (4 Stamperl) Rum

Die Vanilleschoten lässt man zehn Minuten in der Milch simmern. Dann werden sie halbiert, das Mark herausgekratzt und in die Milch gegeben. Der Milch wird nun auch der - vorher mit Wasser verrührte - Kakao, Honig, Zucker, Salz und Cayennepfeffer zugegeben. Das Gebräu wird vom Herd genommen und schaumig geschlagen.
Erst wenn der duftende Kakao in den Tassen dampft, wird vor den Augen der Genießer ein Stamperl Rum pro Heferl eingegossen.

Seele des Damiana

2 Hand voll Damianakraut - 4 Stangen Zimt - 5 Körner Piment
1 Vanilleschote - 0,7 l Jamaikarum - Honig nach Geschmack
Gelee Royale (falls erwünscht)

Das Kraut und die Gewürze werden zusammen mit der aufgeschlitzten Vanilleschote mit dem Rum übergossen. Ein bis zwei Wochen zieht alles gemeinsam aus, dabei wird das Glas hin und wieder geschüttelt. Danach wird abgeseiht, mit Honig gesüßt und das Gelee Royale darin aufgelöst.
Es gibt viele verführerische Varianten des Rezeptes:

I)
2 Hand voll Damianakraut - 4 Stangen Zimt - 10 Nelken
4 frische Minzblätter - 2 Vanilleschoten
0,7 l Jamaikarum - Honig nach Geschmack
Die Zubereitung erfolgt wie oben.

II)
30 g Damiana - 500 ml Vodka oder Brandy
400 ml abgekochtes Wasser - 250 ml Honig - 1 Tl Rosenwasser

Damiana und Vodka oder Brandy vermengen und fünf Tage ziehen lassen. Dann den Alkohol abgießen und aufbewahren. Die abgefilterten Blätter, im Quellwasser badend, für drei Tage im Kühlschrank stehen lassen. Das Wasser abgießen und langsam erwärmen, den Honig darin auflösen. Nun den alkoholischen und den wässrigen Auszug mit dem Rosenwasser vermischen und alles in Flaschen abfüllen. Vor dem Kosten mindestens einen Monat lang ruhen lassen.

Seien Sie gewarnt, wer die Seele des Damiana einmal über seine Lippen rinnen läßt, wird zum Wiederholungstäter.

Liebestonikum

1 Hand voll Damianakraut - 5 Kolanüsse - 1 Prise Selleriesamen
30 g Drachenbaumharz - 1 Hand voll Liebstöckel
1 Hand voll Zitronenmelisse - 2 l süßer Wein

Alle festen Zutaten werden mittels Mörser zerkleinert und im Wein zwei Wochen lang ziehen gelassen. Für eine bessere Auslaugung der Kräuter ist hin und wieder ein Schütteln des Gefäßes angebracht. Der Wein wird abgeseiht und ruht noch zwei Wochen.

Zwei Gläschen vor einem amourösen Abenteuer und die Manneskraft verzehnfacht sich. Wobei der Faktor zehn geringfügig übertrieben ist.

Entrischer Liebeswein

20 g Galgantwurzel - 10 g Ingwer - 20 g Macis
3 Vanilleschoten - 5 g Alraunenwurzeln (Radix Mandragorae)
oder 20 Tropfen Mandragora D4 - ¼ l schwerer Rotwein

Im Originalrezept wird die Alraunenwurzel (*Mandragora officinarum*) angeführt. Da diese in höheren Dosen giftig ist, sollte man stattdessen getrost die Mandragora-Tropfen D4 verwenden.

Die Wurzeln werden in einem Mörser zerstoßen, ebenso das Macis. Verwenden Sie frische Wurzeln, so schneiden Sie diese klein. Die Vanilleschoten werden längs aufgeschlitzt. Alle Zutaten werden drei Tage im Rotwein mazeriert. Danach seiht man diesen intensiven und wirkungsstarken Wein ab.

Achten Sie unbedingt darauf, dass Sie nicht mehr als ein Schnapsglas dieses Weines täglich trinken!

Dschungelrum

5 cm langes Wurzelstück von Chuchuhuasi - 1 l echter Rum

Chuchuhuasi (*Maytenus macrocarpa*) bedeutet 'zitternder Rücken'. Dieser Name weist auf die lange Nutzung als Arthritis und Rheumamittel hin. Nichtsdestotrotz verwenden die Amazonasbewohner die Wurzel des gewaltigen Baumes auch als Aphrodisiakum.

Dazu wird das Wurzelstück vier Wochen in Rum ziehen gelassen, dann abgeseiht und beizeiten genossen.

Lovely Lemon

15 g ungespritzte Zitronenschalen - 5 g Thymian - 5 g Quendel
5 g Zimtstangen - 4 g Koriander - 4 g Macis
1 aufgeschlitzte Vanilleschote - 700 ml abgekochtes Wasser
300 ml Weingeist - ca. 300 g Zucker

Bitte achten Sie beim Schälen der Zitrone darauf, nicht das Weiße mitzuschälen, sondern wirklich nur die gelbe Schale. (Ihr Gaumen wird es ihnen danken, denn so schmeckt der Likör meilenweit besser.)

Die Zitronenschale übergießt man gemeinsam mit dem Thymian, dem Quendel, dem grob zerbröselten Zimt, dem Koriander, der Vanilleschote und dem zerstoßenen Macis mit dem Wasser-Weingeistgemisch. (Man kann auch 1 l Weißen Rum oder Vodka verwenden)

Das Gemisch lässt man nun zwei Wochen ziehen, daraufhin wird abfiltriert und im Filtrat der Zucker aufgelöst.

Zwei Wochen Ruhen verbessert nicht nur das Aroma, sondern erhöht auch den Wunsch 'Lovely Lemon' zu trinken.

Atholl Brose

2 gehäufte El feine Haferflocken - 2 Tl Honig
ca. 500 ml Wasser - mind. 500 ml Whiskey

Atholl Brose ist der schottische Drink, welcher den Untergang für den aufständischen Earl of Ross bedeutete. Sein Widersacher ließ die Quelle, zu welcher der Flüchtige ging, um Wasser zu holen, mit einem Gemisch aus Hafermehl, Whiskey, Kräutern und Honig füllen. So verweilte der flüchtige Earl zu lange an ihr, versunken im Genuss des labenden Getränks. Die Verstärkung kam und der Duke of Atholl konnte den verführten Earl gefangen nehmen.

Wörtlich bedeutet Atholl Brose soviel wie Haferbrei aus Atholl, einer hügeligen Gegend in Perth (Schottland).

Die Haferflocken werden mit dem Wasser in einer Schüssel verrührt und 30 Minuten quellen gelassen. Dann seiht man durch ein Leintuch die Flüssigkeit ab und quetscht aus den Haferflocken den letzten Rest an Wasser aus. Die Haferflocken kommen auf den Kompost und die Flüssigkeit wird mit dem Honig gemeinsam aufgekocht. Zum Umrühren verwenden Puristen einen Silberlöffel!

Das Gemisch wird nun in eine Einliterflasche gefüllt und mit Whiskey aufgegossen bis die Flasche voll ist. Nach dem Verschließen wird kräftig geschüttelt und der Drink eine Woche stehen gelassen.

Wer gestärkt und beschwipst in den Abend gehen möchte, sollte auf diese schottische Spezialität zurückgreifen.

Zwiebelwein

100 g geriebene Zwiebeln - 100 g Honig - 1 l Rot- oder Weißwein

Die pürierten Zwiebeln und der Honig werden mit dem Wein vermengt. Zwei Tage zieht der Wein, bevor man ihn abseiht. Diesen Wein kann man sofort verwenden und er sollte im Kühlschrank aufbewahrt werden.

Von diesem eigentümlich mundenden Wein soll man zur Stärkung täglich vier Esslöffel voll zu sich nehmen.

Auf Zwiebeln als Aphrodisiakum griff im 19. Jahrhundert auch der Literat Victor Hugo zurück. Denn ist die Zwiebel auch nicht so wirksam wie der Knoblauch, so hält sie doch die interessierten Frauen nicht fern wie er. Nebenbei bemerkt, ist dieser Wein auch harntreibend.

Königlicher Wein

10 Blätter frisches Basilikum - 0,5 l Rotwein
Honig - Zimt (gemahlen) - 2 Galgant oder Ingwerscheibchen

Königlich ist der Wein nicht nur in der Wirkung, sondern auch durch seine Hauptzutat, das Basilikum. Dessen Name leitet sich vom griechischen *basilikos* (königlich) ab.
Der Wein wird in einem Topf achtsam mit dem Basilikum erwärmt (gut warm machen, aber ja nicht kochen lassen). Dabei bleibt der Topfdeckel drauf, damit sich die ätherischen Öle des Basilikums nicht verflüchtigen. Den heißen Wein lässt man zugedeckt zehn Minuten ziehen. Nun wird er abgeseiht und mit Zimt und Honig abgeschmeckt. Die Galgant- oder Ingwerscheiben werden zum Garnieren verwendet.
Dieser hitzige Wein ist eine Ouvertüre für eine noch heißere Nacht.

Brennnesselsamen-Wein

50 g frisch zerstoßene Brennnesselsamen - 100 g Blütenhonig
¾ l Weißwein

Man lässt die Brennnesselsamen zehn Tage im Wein ziehen und schüttelt alles einmal pro Tag kräftig durch. Der Wein wird nun abgefiltert und mit dem Honig vermengt.
Diesen kräftigenden Wein füllt man in saubere Flaschen ab. Er ist sofort genießbar und hält sich ca. einen Monat im Kühlschrank.
Zur Konstitutionsstärkung und als Tonikum trinkt man und frau ein bis drei Likörgläser täglich.
Der Brennnesselwein geht auf Otto Brunnfels (1489 - 1534 n. Chr.) zurück, der überzeugt war, dass dieser Wein eine Begierde zur Unkeuschheit macht und eine verstopfte Gebärmutter öffnet.
An dieser Stelle eine kleine Ausschweifung in die Antike:
'Satyricon' ist nicht nur ein bildgewaltiger Film Fellinis, welcher sehr sittsam deutsch synchronisiert wurde, sondern eigentlich eine antike Erzählung, welche Titus Petronius Arbiter zugeschrieben wird. In 'Satyricon' nun erzählt Encolpus über seine Abenteuer in der Welt, zu denen auch die Wiedergewinnung seiner Männlichkeit gehört.
Enothea, Priesterin des Priap, heilte ihn von diesem Leiden.
Sie rieb seine Schenkel mit Öl ein, welches mit Pfeffer und Brennnesselsamen versetzt war. Einen Dildo, ebenso behandelt,

führte sie in Encolpus' Anus ein. Seine erschlaffte Männlichkeit wurde mit Gartenkressensaft, vermengt mit Stabwurz, beträufelt. Zweifelsohne um einen gesicherten Erfolg herbeizuführen, nahm sie ein Büschel grüner Nesseln und fing an, ihn damit bedächtig abwärts des Nabels zu peitschen. Zu bemerken ist: Sie war erfolgreich und Encolpus glücklich geheilt ihr entflohen.

Bärlauchwein

1 gute Hand voll frischer, gehackter Bärlauchblätter - 0,7 l Wein

Man gibt die Blätter in eine 0,7 l Weinflasche und füllt diese dann mit dem Wein auf. Im Wasserbad wird alles zusammen so lange erhitzt bis Siedeperlen aufsteigen. Danach verkorkt man die Flasche wieder und stellt sie eine Woche auf ein Fensterbrett, das von der sanften Morgensonne beschienen wird. Nach dieser Zeit seiht man den Wein ab und lagert ihn kühl und dunkel.
Von dem Wein sollte man ein Achterl pro Abend trinken.
Da die durchblutungsfördernde Wirkung des Bärlauchs 20 Mal so hoch ist wie die des Knoblauchs, ist er sogar ein stärkeres Aphrodisiakum für Männer als sein zahmerer Verwandter.

Rosmarin-Salbei-Rotweinelixier

Je 1 Hand voll frischer Rosmarin- und Salbeiblätter

1 l Rotwein
1 EL Fruchtzucker oder Honig

Den Wein mit den Kräutern zwölf Stunden lang zugedeckt in einem Tongefäß ziehen lassen. Danach den Tontopf in einem Wasserbad erhitzen, sodass die Kräuterweinmischung eine halbe Stunde unter dem Siedepunkt zieht. In den abgekühlten Wein die Süße einrühren und abfiltrieren.
Das Elixier stärkt die Konstitution und Lebenslust, wenn man zweimal täglich eben vor dem Frühstück und dem Mittagessen ein Stamperl davon trinkt.

Ginsengwein

1 ganze Ginsengwurzel - 0,75 l Reiswein (Sake)

Die getrocknete oder besser die frische Ginsengwurzel in einen verschließbaren Glaskrug geben und mit Sake überschütten. Am besten von der Morgensonne täglich ein paar Stunden erwärmen lassen und nach einem Monat den Wein kosten. Nun können Sie täglich ein kleines Likörglas des Kräftigungstrunkes genießen. Die Wurzel verbleibt im Wein bis er gänzlich aufgebraucht ist.

Männerwein

80 g Damianablätter - 40 g Walnussblätter
50 g Weidenröschenkraut mit Blüten
30 g Brennnesselblätter - ¾ l trockener Weißwein

Drei gehäufte Esslöffel der Kräutermischung werden zwölf Minuten lang mit dem Wein gekocht. Danach filtert man den heißen Kräuterwein ab.
Einen Teil trinkt man sofort, den anderen bewahrt man für eine spätere Verlockung kühl auf.

Angelika-Wein

125 ml Engelwurz - 125 ml Honig - 1 l Wein (weiß oder rot)

Die Angelikawurzel und der Honig werden für zwei Wochen im Wein ziehen gelassen, wobei die Mischung täglich geschüttelt werden soll. Danach wird das Getränk gefiltert.
Dieser Wein ist insbesondere für kühlere Frauen. Bereits im 18. Jahrhundert fröhnten ihm Frauen, um ihre Hitze zu entfesseln.

Kalmusmost

30 g Kalmuswurzeln - 1,5 l Apfelmost

Die Kalmuswurzel wird sechs bis acht Wochen im Most ziehen gelassen, hernach füllt man das abgeseihte Getränk in eine Flasche ab.
Dieser Most dient, neben der Stärkung des Körpers, auch der Behebung beginnender sexueller Störungen des Mannes.
Dagegen sollte der Mann zehn Tage lang je ein Achterl Kalmusmost trinken.

Seelenwein

¼ l Rotwein - 1 Ei - 1 Prise Vanille und/oder Zimt - 1 El Ahornsirup

Die Zutaten in ein verschließbares Glas geben und so lange schütteln, bis ein schaumiges Getränk entsteht.

Dieser Wein erweckt ungeahnte Kräfte und ist auch Menschen, die sich von einer Krankheit erholen müssen, sehr zu empfehlen.

Bitte verwenden Sie immer frische Eier von 'glücklichen' Hühnern, damit es nicht nur Ihnen gut geht.

Vanilletinktur

8 g zerschnittene Vanillestangen - 100 ml 70%iger Alkohol
etwas Zucker

Die Vanillestangen an einem warmen Ort oder in der Sonne zwei Wochen im Alkohol ziehen lassen. Das Präparat abseihen und mit Zucker versetzen.

Davon kann man mehrmals täglich einige Tropfen einnehmen.

Dieser Auszug hat mehr als eine Wirkung. Einerseits ist er ein Aphrodisiakum, andererseits ein Gehirnstimulans und nicht zuletzt ein menstruationsförderndes Mittel.

Vanille-Basilikum-Tinktur

3 Vanilleschoten - 25 g Basilikumsamen
40 g trockene Bertramwurzeln - ¾ l Vodka oder Kornschnaps

Die Zutaten in einem Mörser zerstoßen und in einem Glasgefäß mit dem Vodka übergießen. Gut verschlossen, lässt man alles zusammen zwei Wochen lang ziehen. Dann erhitzt man es im Wasserbad bis die Siedeperlen aufsteigen und seiht die Tinktur gründlich ab.

Diese belebende Tinktur wird abends zusammen mit einem Damianakrauttee getrunken und zwar drei Eßlöffel Tinktur in einer Tasse Tee.

Den Tee bereitet man mit zwei Prisen Damianakraut pro Tasse Wasser zu.

Dolce Vita-Tropfen

Diese alkoholischen Auszüge sind ein starkes Konzentrat, um die Nacht zum Tag zu machen und sei sie noch so lang.

I)
50 g Zimt - 35 g Kardamom - 30 g Galgant - 8 g Gewürznelken
5 g Sternanis - 8 g langer Pfeffer - 5 g Muskatnuss
0,2 g Bernstein - 0,2 g Moschus oder 3 - 4 Tropfen Moschusöl
0,5 l 80%iger Alkohol

II)
45 g Zimt - 30 g Kardamom - 30 g Galgant - 6 g Chili
8 g Gewürznelken - 4 g Muskantnuß - 0,1 g grauer Amber
0,1 g Moschus oder 3-4 Tropfen Moschusöl
0,5 l 80%iger Alkohol

Alle zerstoßenen oder gemahlenen Zutaten werden vermengt - falls man Moschusöl verwendet, wird dieses erst später zugegeben - und gute drei Wochen im Alkohol ziehen gelassen. Hernach wird abfiltriert und, falls nötig, der alkoholischen Lösung das Moschusöl untergemengt.

20 bis 30 Tropfen in einem Stamperl Wasser, auf einem Stückchen Zucker oder pur auf die Zunge, reichen aus, um müde, prüde Geister ausgesprochen munter und tatkräftig zu machen.

Hinweis an die holde Männlichkeit!

Goethe schrieb einst in seinem Tagebuch:

»Ohne Wein und ohne Weiber
Hol der Teufel unsre Leiber!«

Und auch der Spruch 'Wein, Weib und Gesang' verheißt dem Mann trunk'ne Fröhlichkeit.

Jedoch soll Mann sich hüten, der Geist des Spiritus ist ein tückisch Freund.

Es stimmt, dass Frauen sehr empfänglich für Avancen sind, wenn sie von diesem Geist erfüllt.

Jedoch halt ein, mein lieber Mann. Den Wunsch nach Liebe mag wohl der Alkohol gebären, doch macht er nur den Willen stark und nicht das Fleisch.

Auch fördert roter schwerer Wein den Schlaf ganz ohne Bei.

Drum achte Mann der Dosis. Ein Gläschen hie, ein Stamperl da, genügt oft allemal.

Nicht, dass Verlust der Freuden darin liegt, sie zu erringen.

Schließen möchte ich dieses Kapitel mit den Worten des attischen Dramatikers Euripides (480 – 405 v. Chr.), welcher in seinem Stück 'Die Bakchen' einen Boten über Dionysos sprechen lässt:

»Denn wo der Wein fehlt, fehlet auch die Liebeslust
Und jede Freude, die die Welt erquicken kann!«

Speisezutaten

*»Iss Butter und schlaf wie ein Schafskopf,
iss Öl und komm am Abend zur Linderung deines Dranges.«*

Griechisches Sprichwort

*»Freunde, esst und trinkt,
berauscht euch an der Liebe.«*

Hohelied Salomons

Speis und Sinnlichkeit, ein trautes Paar, das sich zu Tische setzt, gemeinsam schmaust und Freud gebiert.
Tausend, ach millionenfach wurden die Liierten besungen und gepriesen.
Vergebens ist der Versuch, noch Worte zu finden, die nicht bereits zu ihrem Lob geschrieben wurden. So enthalte ich mich einer Hymne und überlasse es den Rezepten zu betören und zu versuchen.

Essig der vier Diebe

Die Pest wütete 1630 verheerend in Toulouse. Vier gewitzten Dieben gelang es, Vorteil und Beute aus der Epidemie zu ziehen. Sie wühlten in verseuchten Häusern nach Kostbarkeiten und plünderten Leichen ohne Furcht vor der erschreckenden Krankheit. Jedoch wäre Furcht vor der Stadtwache angebracht gewesen, denn sie wurden festgenommen. Der Tod winkte ihnen für ihre Taten. Jedoch die Seuche, die so viele dahinraffte, vermochte ihnen das Leben zu retten. Die Ratsherren waren Männer mit Verstand. Sie wollten das Geheimnis lüften, welches die vier Diebe vor der Ansteckung bewahrte. Willig stimmten die Diebe dem Handel zu. Leben gegen Wundermittel.

So erfuhren die Ratsherren, dass diese sich mit einem Kräuteressig den Körper einrieben bevor sie zu Plünderei und Raub aufbrachen.

Dieser legendäre Essig schützt nicht nur vor Ansteckung, sondern ist kräftigend und verleiht vor allem Salaten ein delikates Aroma.

3 Zweige Salbei - 1 Zweig Thymian - 1 Zweig Lavendel
1 Zweig Rosmarin - 2 zerquetschte Zehen Knoblauch
½ l roter Weinessig

Die Kräuter mindestens 14 Tage bei 20° C oder in der Sonne im Essig ziehen lassen, danach den duftenden Essig abseihen.

Falls man/frau ein geteiltes Verhältnis zu Knoblauch hat, kann dieser auch weggelassen werden.

Üppige Variation für vier Diebe

8 g Edelraute - 8 g Rosmarienspitzen
8 g Salbeispitzen - 8 g Minzespitzen
8 g Lavendelblüten - 8 g Thymianblüten
3 Gewürznelken - 1 zerquetschte Zehe Knoblauch
1 g gemahlener Zimt - 1 g Iriswurzelpulver
2 g in Alkohol gelöster Kampfer - ½ l Weinessig

Die getrockneten Kräuter werden mindestens 14 Tage bei 20° C oder in der Sonne im Essig ziehen gelassen. Danach wird der vitalisierende Essig abgeseiht.

Liebesmischung

4 Teile Anis - 2 Teile Muskatblüte - 1 Teile Galgant
1 Teile Kalmus - 1 Teil Kümmel - Petersilie

Alle Gewürze bis auf die Petersilie werden verrieben, zerstoßen oder gemörsert und vermengt. Die Petersilie sollte immer frisch darunter gemischt werden und kann auch zur Hauptzutat werden.

Mittelalterliche Liebesmischung

1 Teil langer Pfeffer - 1 Teil Zimt - 1 Teil Anis
1 Teil Gewürznelken - 1 Teil Kardamom - 1 Teil Muskatnuss

Den langen Pfeffer mörsern, die Muskatnuss reiben, die restlichen Gewürze mixen und alles gut gemischt in einem luftdichten Glasgefäß aufbewahren.
Bereits im Mittelalter zur Erhaltung der Manneskraft empfohlen, ist diese Mischung auch heute eine Gaumenfreude mit positivem Effekt auf das Liebesleben.

Gewürzmischung des Maimonides

Der berühmte Arzt und Rabbi Moses ben Maimon, genannt Maimonides, wurde 1135 n. Chr. im heutigen Spanien geboren. Wegen der Veränderung politischer Verhältnisse wanderte seine Familie aus und Maimonides gelangte über Umwegen nach Fustat, Ägypten. Dort verdiente er sein tägliches Brot als Arzt am Hof des Sultans Saladin. Er war Leibarzt eines seiner Wesire und Saladins Sohns und Nachfolgers. Außerdem schuf er 'Mischne Tora', eine systematische Darstellung des gesamten jüdischen Gesetzes, und veröffentlichte weitere Schriften.
In seiner Funktion als Hofarzt hatte er sich um das Wohl der Familie des Sultans zu sorgen. Ein Onkel des Sultans fröhnte der Freuden seines Harems als gäbe es kein Morgen und war gleichzeitig sehr besorgt über die Vergänglichkeit der Manneskraft. Maimonides verschrieb ihm eine vorbeugende Gewürzmischung, die nicht allein den Körper anregt, sondern auch mundet.

I)

8 Teile Zimt - 8 Teile Anis - 4 Teile langer Pfeffer
4 Teile Galgantwurzel - 1 Teil Macis - 1 Teil Muskat

Es empfiehlt sich, den langen Pfeffer im Mörser grob zu zerschlagen bevor man auf ihn einen Mixer und seine Schneideblätter loslässt. Den Muskat reibt man am besten mit der Hand. Die restlichen Gewürze kann man bedenkenlos einer modernen Küchenmaschine zum Zerkleinern anvertrauen. Hernach werden die Gewürze gut vermischt und in einem Glasgefäß aufbewahrt.
Diese Mischung ist mein persönlicher Favorit.

II)

1 Teil Zimt - 1 Teil Anis - 1 Teil Pfeffer - 1 Teil Kardamom
½ Teil Galgantwurzel - ½ Teil Macis

Die Zubereitung erfolgt wie oben.
Beide Mischungen passen gut zu allem Orientalischen von Falafel bis Lammfleisch, aber auch manche feurige Tomatensuppe profitiert davon.
An dieser Stelle Maimonides' Ansicht zur körperlichen Umsetzung der Liebe:

> »Die geeignete Zeit für den Koitus ist die Phase nach der Verdauung oder am Ende der Nacht. Er ist zwar eigentlich heilsam, ein übermäßiger Samenerguss schwächt jedoch die Lebenskraft.«

Orientalische Liebesmischung

12 Teile Koriander - 10 Teile Fenchelsamen - 10 Teile Mohn
2 Teile schwarzer Pfeffer - 2 Teile Ingwer - 2 Teile Kreuzkümmel
2 Teile Curcuma - 1 Teil Chayenne Pfeffer (Chili)

Die Zutaten werden gemixt und gut vermengt in einem luftdicht verschließbaren Glasgefäß aufbewahrt.
Eine orientalische Gewürzmischung zur Steigerung der Freuden des Diesseits.
Fleisch und Barbecuefreunden sei diese zum Marinieren nahegelegt. Ebenso ist sie jedem Vegetarier bei der Zubereitung eines Eintopfes recht nützlich.

Antikes Frühstücksrezept zur Erhaltung der Lebensgeister und der Jugend

Zerstoßener Knoblauch wird mit Meersalz, Käse, gehacktem Koriander und Olivenöl vermengt.

Dieses Urpesto sollte man des Morgens zu sich nehmen. Es eignen sich jedoch andere Tageszeiten gleichermaßen zum Verzehr.

Wer frischen Koriander lieben gelernt hat, dem wird dieses Pesto munden.

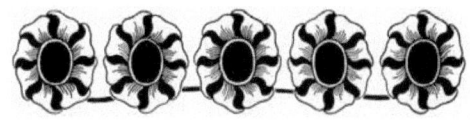

Frische Kräuter der Liebe

7 Blätter frische Fetthenne (Portulak)
7 Walnüsse - 2 Eidotter - Vollkornbrösel
5 Blätter Bärlauch oder 3 Knoblauchzehen
7 Walnüsse - 2 Eidotter - Vollkornbrösel (Knödelvariante)

Die Kräuter werden fein gehackt. Man kann sie zum Salatwürzen verwenden oder aber feine Klößchen daraus bereiten - die oft genossen - den Liebesgenuss erhöhen.

Für die Klößchen mahlt man sieben Walnüsse, mischt diese gemeinsam mit den Kräutern unter zwei frische Eidotter und fügt soviel Vollkornbrösel dazu bis man daraus Klößchen formen kann. Diese gart man in einer gerade noch siedenden Gemüsebouillon.

Angelika-Topfen

1 Hand voll frischer Minze
1 Hand voll frischer Angelikawurzelblätter
250 g Topfen/Quark - Salz

Die Blätter werden fein verhackt und unter den Topfen gerührt. Mit Salz wird abgeschmeckt - fertig ist der Aufstrich für eine stärkende Brotzeit im Zeichen der Kräuterliebe.

Minze ist im arabischen Raum eng mit Liebeslust verbunden. In manchen orientalischen Gegenden wird Zwiebelkonfitüre mit Minze für gute Ausdauer in Liebesdingen empfohlen.

Eine Suppe, die Männer und Frauen macht

1 Sellerieknolle - ⅛ l Obers - ⅓ l Bouillon
etwas gehackte Kresse/Kürbiskerne, gehackter Liebstöckel,
Alfaalfasprossen, geriebene Karotte/frische Estragonblätter

Die Sellerieknolle wird im Ofen gegart. Ein mandarinengroßes Stück davon wird mit dem Obers verrührt und mit der Bouillon aufgegossen. Diese Cremesuppe wird im Wasserbad erhitzt, damit durch das Schlagobers keine Fettaugen entstehen. Wem dies egal ist, der mag sie ruhigen Gewissens auf die Herdplatte stellen.
Verziert wird das kräftigende Süppchen mit einem der angeführten Kräutern.
Für den zu schlanken, gestressten und erschöpften Mann ist diese Suppe wie geschaffen, für das weibliche Gegenstück ebenso. Am besten isst man und auch frau drei Wochen lang täglich ein Schälchen vor der Hauptmahlzeit.

Knoblauch-Koriander-Hochzeit

1 Knoblauchknolle - 2 große Petersilienwurzeln - 3 Schalotten
¾ l Rinderbrühe - etwas gehackter Schnittlauch und Wermut
10 Scheiben Weißbrot - frischgehackter Koriander
geriebener Parmesan - Olivenöl

Die gehackten Schalotten leicht bräunen, dann mit der Rinderbrühe aufgießen und den feingehackten Knoblauch sowie die feingeschnittene Petersilienwurzel beifügen und köcheln lassen bis das Gemüse angenehm gar ist. Nun das Wermutkraut und den Schnittlauch in die Suppe geben und kurz ziehen lassen.
In der Zwischenzeit das Weißbrot im Ofen rösten, mit Knoblauch einreiben und mit Olivenöl beträufeln. Jetzt Parmesan darüber streuen und nochmals kurz im Ofen rösten bis der Käse angeschmolzen ist. Herausnehmen und mit Koriander bestreuen.
Die Weißbrotscheiben in die Suppenteller legen und gut mit der duftenden Brühe auffüllen.
Nicht umsonst nennt man in Frankreich den Knoblauch das Aphrodisiakum der Armen. Hier werkt er gemeinsam mit Koriander, Wermut und Zwiebel, damit niemanden die Kräfte verlassen.

Liebeszwiebelsirup

250 ml frischer Zwiebelsaft - 500 ml entschäumter Honig - Kichererbsen

Der Honig und der Saft werden gemeinsam auf kleiner Flamme eingedickt. Die eingedickte Flüssigkeit wird aufbewahrt. Will man den Liebestrank genießen, so entnimmt man einen kleinen Teil der Paste und gibt dreimal soviel Wasser dazu. Darin weicht man dann 24 Stunden lang Kichererbsen ein und trennt den Trank von den Kichererbsen.
Diesen Trunk nimmt man vor dem Zubettgehen ein. Aber man sollte bei der Dosierung vorsichtig sein, denn sonst kann man die ganze Nacht nicht schlafen. Auch sollte er nicht tagtäglich Anwendung finden.

Brennnesselkraftfutter

4 l frisch geschnittene Brennnesseln
1 bis 2 Tassen Hühnerbrühe - 1 Tasse Feta-Käse

Die frischen Brennnesselstängel werden gewaschen, die Blätter abgezupft - und alles am besten mit Handschuhen bewaffnet. Nun dünstet man die Blätter in der Suppe für 15 – 20 Minuten. Der Pürierstab wird gezückt und alles fein zu Brei püriert.
In die mehr oder minder dicke Creme wird der Feta untergemischt.
Diese Mahlzeit kräftigt und füllt verbrauchte Reserven auf.

Venusgelb

Zwiebelringe einer mittelgroßen Zwiebel - Olivenöl
1 Eigelb - Gewürzmischung des Maimonides

Die Zwiebelringe lässt man zuerst eine Stunde lang mit der Gewürzmischung bestäubt ziehen, bevor man sie - vereint mit dem Eigelb - in Öl brät.
Die Eierspeise für schnell benötigte Kräfte.

Knoblauchhonig

1 Knolle Knoblauch - ca. 150 g Honig

Die Zehen der Knolle werden gepresst und in ein verschließbares Glas gefüllt. Es wird soviel Honig darüber gegossen, dass der Knoblauch gänzlich zentimeterdick bedeckt ist. Drei bis vier Wochen zieht der Honig. Und nicht vergessen, täglich einmal schütteln.
Er eignet sich als Toastbelag und um die Zehen des Liebsten hiermit zu benetzen.

Pistazienhalva

Dazu reibt man ungesalzene Pistazien und vermengt sie mit Honig und etwas Sesamöl.
Auf nüchternen Magen gegessen, macht es einen stark für das Liebeswerk. Jedoch kitzelt es schon die Geschmacksknospen im Mund und macht Lust auf mehr. Daher lieber ein bisschen zuviel als zuwenig Halva zubereiten.

Guten-Morgen-Trank

3 Tl Ingwer gemahlen - 2 Tl Süßholzpulver - 2 Tl Curcuma
1 Tl Koriander gemahlen - Saft einer Zitrone - ¼ l warmes Wasser
1 rohes Ei (nach Belieben) - Ahornsirup nach Geschmack

Die Kräuter werden gemeinsam mit dem Ei und dem Ahornsirup mittels eines Schneebesens oder Mixers vermengt. Hat man kein gutes Verhältnis zu rohen Eiern, lässt man es einfach weg.
Dieser Morgentrunk ist eine gesunde Alternative zum Kaffee. Die Süßholzwurzel steigert den Blutdruck, der Ingwer belebt, der Koriander stärkt, die Gelbwurz schenkt Minerale und die Zitrone sorgt für Vitamine. Das Ei ist für weitere Vitalstoffe zuständig.
Eine mehrwöchige Kur mit diesem Trank vor dem Frühstück bringt die Lebensgeister wieder zum Spuken.

Marcipanis amatorium

I)

30 g Marzipan - 3-4 Tl gemahlenes Maca
4 g Damiana, fein gemahlen - 5 g Zitwer, fein gemahlen
ein paar Tropfen Rosenwasser - ein wenig Kakao

Das Marzipan wird gut mit den Kräutern verknetet. Sollte die Masse zu bröselig sein, wird mit ein paar Tropfen Rosenwasser der Geschmeidigkeit nachgeholfen. Aus der weichen Masse formt man kleine grüne Kügelchen, die der Optik und des Geschmackes wegen noch in Kakao gewälzt werden.
Dieser Konfekt für heiße Nächte ist ein wenig gewöhnungsbedürftig.

II)

20 g Marzipan - 2 gute Tl gemahlenes Maca - 2 Msp. Zimt
1 Msp. Ingwer - ½ Msp. Nelken - 2 g Zitwer, fein gemahlen
ein paar Tropfen Rosenwasser

Zubereitet wird dieses Marzipan wie oben beschrieben, lediglich vom Kakaowälzen kann man absehen.
Lebkuchenfreunde werden diesen Konfekt lieben. Ganz, ganz lecker wird er, wenn man sich dazu hinreißen lässt, ihn mit Schoko- oder Nougatglasur zu überziehen.

Kleopatras Köstlichkeit

1 Tasse Tahin (Sesammus) - ¾ Tasse Honig
je ½ Tl Zimt, Ingwer, Kardamom und Anis
1 bis 2 Tl Amaretto, Damianalikör, Vanilleextrakt oder Rosenwasser
Kokosraspeln und Kakaopulver
Je nach Geschmack:
1 Tl gehackte Minzeblätter, 1 Tl Brennnesselpulver (Blätter) oder
2 Tl geriebene Orangenschalen

Tahin, Honig, Gewürze, Kräuter und die gewählte Flüssigkeit werden in einer Schüssel im Wasserbad vermengt. Aus der süßen Masse werden Kugeln geformt und diese in Kakao oder Kokosraspeln gerollt. Auch Datteln lassen sich damit füllen.
Schön drapiert und schnell vernascht, ergeht es ihnen nicht anders als so manchen hübschen Frauen der Weltgeschichte.

Knabbern – erotisch, knackig, steirisch

1 Hand voll Kürbiskerne - 1 Hand voll Rosinen
1 Prise Zimt - 1 Prise Ingwer - 1 Prise Kardamom

Die Kürbiskerne kurz anrösten und mit den Gewürzen und Rosinen vermengen. Eine süße Knabberei für abendliche Stunden mit hohem Zink-, Eisen- und Proteingehalt.

Knabberzeug für nebenbei

2 ½ Tassen Nüsse - 2 Tl Öl - ½ Tl Salz - 1 Tl Zucker
½ Tl gemahlener Kreuzkümmel - ½ Tl Cayennepfeffer

Der Ofen wird auf 150 ° vorgeheizt.
Als erstes werden die Gewürze mit Zucker und Salz im heißen Öl in einer Pfanne für 15 Sekunden angebraten. Diese Mischung wird über die Nüsse geschüttet und mit ihnen in einer Schüssel so verrührt, dass jede Nuss etwas abbekommt.
Die Nüsse werden dann auf einem Backpapier ausgebreitet und 20 Minuten im Ofen geröstet. Sollte man sie nicht sofort verzehren, empfiehlt sich die Aufbewahrung in einer luftdichten Dose.

Süßer Kalmus

1 Tl Kalmus gemahlen - 2 Tl Honig

Kalmus und Honig werden weidlich verrührt und das war auch schon die Zubereitung.
Die Dosis des Stresskillers und Körperstärkers beträgt einen Teelöffel, der höchstens zweimal am Tag gelutscht wird.
Süßer Kalmus lässt einen Prüfungen locker und leistungsfähig angehen, anstatt verkrampft und mit Denkblockade vor einem leeren Blatt Papier zu sitzen. Eben jener kommt auch an zweisamen Abenden sehr gelegen.

Eine stehende Lanze für Haferbrei und andere Missachtete

Ein Film von und mit Marty Feldmann wurde ins Deutsche mit den Worten 'Haferbrei macht sexy' übersetzt. Dieser Titel trifft wie das Sprichwort 'Mich sticht der Hafer.' zu.

Hafer entspannt und nährt unser Nervensystem, er senkt unseren Cholesterinspiegel und hält somit die Arterien frei, was nun mal die Durchblutung verbessert - nicht nur im Genitalbereich.

Die Schotten sind dank des Hafers berühmt für ihre Ausdauer, Kraft und Männlichkeit. Seit über zweitausend Jahren stellte er ihr Hauptnahrungsmittel dar. Und die Folge - sie werfen mit Baumstämmen um sich.

Die Ackerbohne war seit der Antike ein Aphrodisiakum. Sie hat sehr viel L-Dopa, eine Aminosäure, welche die Vorstufe des Botenstoffes Dopamin ist. L-Dopa kann durch die Bluthirnschranke in das Gehirn gelangen und dort die Dopaminherstellung ankurbeln. Dopamin ist auch für die Empfindungen Glück, Freude und Zuversicht verantwortlich. Andererseits kann L-Dopa in Überdosierung zu einem sehr harten Ständer führen. Dies ist aber mit normalem Bohnengenuss nicht zu erreichen. Dieser sorgt hingegen für gute Laune und Liebesbereitschaft.

Besonders, wenn man sich an das Rezept von Sheik Nefzawi hält. Dazu werden Erbsen mit Zwiebeln gedünstet und mit Zimt-, Ingwer- und Kardamompulver überstäubt.

Mittelalterliche Herzensbrecher verzichteten niemals darauf, täglich zur Morgenstunde eine Knolle Knoblauch zu verzehren. Heinrich IV., Begründer der Bourbonen-Dynastie, stank sein Leben lang unsäglich nach Knoblauch und war ein liebestoller Schürzenjäger mit dem Hang zu Mätressen. Ein Knoblauch verabscheuender Herrscher hingegen war Alfons XI. von Kastilien. Er gründete 1330 n. Chr. einen Ritterorden, dessen Mitgliedern weder Knoblauch- noch Zwiebelverzehr erlaubt war. Es ist nicht überliefert, ob diese Ritter gute oder schlechte Liebhaber waren und wie sie sich im Kampfe hielten. Es mag jedoch bezweifelt werden, dass dieser Verzicht sich positiv auf diese Eigenschaften auswirkte.

Den Knoblauch soll man nicht meiden, denn er stärkt uns für die Liebe und gibt uns Kraft.

Fit for Life and Love

Eine kleine Kur, die für jeden leistbar ist.
Drei Monate lang nimmt man dreimal täglich vor dem Essen je zehn Tabletten Bierhefe ein. Außerdem ist bei jeder Mahlzeit ein kleiner Rohkostanteil Pflicht (z.B. Karotte, Radieschen, Gurke, Kohlrabi, etc.). Noch dazu soll man in dieser Zeit auf jeglichen Alkohol und natürlich auch auf Zigaretten verzichten.
Eine Kur, die nicht für Jedermann oder -frau geeignet ist. Aber allein, wenn Sie die Bierhefe und die Rohkost zu sich nehmen, tun Sie schon etwas für Ihren Körper.
Bevor sich dieses Kapitel seinem Ende zuneigt, möchte ich Ihnen noch Olivenöl, Knoblauch, Zwiebel ebenso wie Fenchel und Sellerie ans Herz und in den Kochtopf legen.

> *»Wenn frau wüsste, wie gut der Sellerie dem Manne tut,*
> *würde sie danach suchen von Paris bis Rom«*

franz. Sprichwort

Knoblauch wird von den Franzosen sehr geschätzt und war in Indien bei Hindu-Mönchen und Nonnen so gefürchtet, dass er verboten war.
Gewürze, die kleinen Wunderwirker. Alle wärmenden Aromate verschönern das Liebesleben. Ingwer, Zimt, Kardamom, Muskatnuss, Anis und Vanille. Weihnachten, das Fest der Liebe. Der Duft nach Vanillekipferln, Zimtstangen, Kardamomkugeln und Glühwein erhellt die Seele und macht das Herz weit für die Liebe. Die prosaische fleischliche Liebe und die Liebe zum Kind des Lichts. Das Kind, das den Frieden und die Liebe und das neue Leben zu uns Menschen bringt.

Im Sommer, wenn der Mensch vom Licht erhellt ist, ist die Zeit für Minze, Dill, Fenchel, Liebstöckel und Kümmel. Doch zu keiner Zeit soll man auf den Rosmarin vergessen. Das Kraut des Lebens, der Liebe und des Todes. Und wie die Franzosen wissen, jeder Orgasmus ist ein kleiner Tod (*la petite morte*).
Die Gewürznelke, die Muskatnuss und die Petersilie eint das Safrol, die chemische Ausgangsbasis für die Stoffgruppe der Amphetamine. Daher sind diese drei Gewürze alle ein wenig aufputschend und gut für die Vorbereitung einer längeren Liebesnacht geeignet.

Und vergessen Sie nicht auf die Trüffel. Ein Pilz, der bei Schwein und Mensch beliebt ist. Das Schwein verzehrt sich nach ihm ob des Essgenusses; der Mensch, desselben und noch mehr.
Der französische Koch schlechthin, Brillat-Savarin, widmete ihr einen Vierzeiler:

> *»Trinken wir auf die schwarze Trüffel,*
> *Und seien wir nicht undankbar,*
> *Sie garantiert den Sieg*
> *In den charmantesten Kämpfen«*

Zu guter Letzt ein Rat aus dem französischen Volksmund:

> *»Vor deinem Nachbarn hüte besonders:*
> *deine Frau, deine Trüffel und deinen Garten«*

Bäder

Oscar Wilde
»I can resist everything except temptation.«

»Von jeher scheinen die Bäder der Tummelplatz verliebter Abenteurer gewesen zu sein, und in diesem Rufe stehen sie noch bis zu dem heutigen Tag. Das Bad im Riesengebürge veranlasste wenigstens die heterogene Liebesintrike zwischen einem Gnomen und einem sterblichen Mädchen.«

Musäus, die Volksmärchen der Deutschen

Und der Gnom verwandelte einen klaren Gebirgsbach, der sich in einem Becken sammelte, in eine Liebesflur. Maßliebchen, Zeitlosen, Vergissmeinnicht und Rosenhecken rahmten das ruhige Wasser ein, welches nun aus einer Grotte mit Erzstufen, Kristallen und Frauenglas quoll. Seine Angebetete widerstand der Versuchung nicht, sie glitt in das ruhige und klare Wasser. Der Gnom, damals noch bar des Namens Rübezahl, zog sie hinab in sein unterirdisches Reich. Wie der liebestolle Gnom schlussendlich seinen Namen erhielt, steht bei Musäus in schönster Weise beschrieben.

Der Kurschatten, ein Liebhaber der schönen und siechenden Frauen, ist legendär. Und niemals vergessen sollte frau Cleopatra und ihre Bäder in Eselsmilch mit Rosenblüten. Nach dem Bade ließ sie sich freizügig mit aromatisiertem Oliven- oder Sesamöl massieren. Einer ihrer Lieblingsdüfte war Neroli, der gefangene Zauber von Bitterorangenblüten.

Soll man sich bei all diesen Vorbildern nicht auch in die Wässer stürzen, um liebestoll zu werden? Ja, man und frau sollen! Und es hilft ungemein, die Wirkung des warmen Wassers durch Essenzen und Öle zu vertiefen.

Wenn man in den eigenen vier Wänden dem Bade frönt, so gebe ich zu bedenken: Blütenblätter sind im Wasser schwimmend ein Traum - aber ein Alptraum, wenn sie sich anschicken den Ausguss zu verstopfen. Leinensäckchen oder Gaze-Tücher gefüllt mit Blütenblättern sind der Ausweg.

Und bitte achten Sie ihrer Haut zuliebe immer darauf, die ätherischen Öle mit einem Basisöl oder einem anderen Träger wie Schlagobers (Sahne) zu vermischen, bevor sie in das Badewasser gelangen. Ätherische Öle sind heilsam und wohltuend; doch auch aggressiv, gelangen sie pur auf die Haut und noch schlimmer, auf die Schleimhäute.

Aphrodisischer Badezusatz

1 Hand voll Rosmarinnadeln - 1 Hand voll Melissenblätter
2 Zimtstangen

Die Kräuter werden im Wasser für ca. fünf Minuten ausgekocht. Der Absud wird dem heißem Badewasser zugesetzt.
Oder die romantischere Variante:
Als kleine Aufmerksamkeit sich selbst oder jemand anderem gegenüber, werden die Kräuter in ein kleines Leintuch eingeschlagen. Rechts und links wird das duftende Päckchen mit einem Faden zugebunden, sodass es wie ein süßes Bonbon aussieht.
Vor dem Bad zerdrückt man mit Muse die Kräuter in der Verpackung, legt das Duftpaket in die Wanne und lässt heißes Wasser darüberplätschern.
Ebenso können die beiden Kräutermischungen: 'Kräuter der Sinnlichkeit' und 'Bademischung nach Valnet' zu kleinen Geschenken, die die Liebe erhalten, verpackt werden.

Kräuter der Sinnlichkeit

1 Hand voll Rosmarinnadeln - 1 Hand voll Salbei
1 Hand voll Wacholderbeeren - 1 Hand voll Majoran
1 Hand voll Minze - 1 Hand voll Thymian

All diese Kräuter füllen Sie in ein feines Gazetuch, verschließen es mit einem Bindfaden, legen es in die Wanne und lassen das heiße Wasser darüber laufen. Bald füllt sich das sonst so morgennüchterne Badezimmer mit einem liebevollen Gruß der frischen Natur.

Bademischung nach Valnet

10 Teile Pfefferminze - 10 Teile Rosmarin
5 Teile Oregano (Dost) - 4 Teile Wacholderzweige
2 Teile Gewürznelken - 1 Teil Muskatnuss

Die zerkleinerten Zutaten vermischen, sechs Hand voll davon zehn Minuten kochen und danach abseihen. Dem Badewasser werden ein bis zwei Tassen des Absuds zugesetzt.
Diese Mischung wirkt vitalisierend und erfrischend. Außerdem regt das zart parfümierende Bad die Haut an und macht sie für Liebesfreuden empfänglicher.

Variation der Bademischung nach Valnet

1 El Macis - 1 Tl Wacholderbeeren - 1 Tl Sternanis
1 Hand voll Salbei - 1 Hand voll Rosmarin - 1 Hand voll Dost
1 Hand voll Minze - 1 Hand voll römischer Kamille

Die zerkleinerten Zutaten vermischen, zehn Minuten kochen und danach abseihen. Dem Badewasser werden ein bis zwei Tassen des Absuds zugesetzt.

Ein erfrischendes und duftendes Bad. Man selbst fühlt sich gelöst; die Haut aufgeweckt und feinfühlig.

Kalmusbad

2 Hand voll Kalmus - 1 Hand voll Zimtstangen - 20 Gewürznelken

Die Kräuter werden gemeinsam zehn bis fünfzehn Minuten ausgekocht; das abgeseihte, heiß duftende Wasser wird dem Badewasser zugegeben.

Kalmus ist eines der günstigsten aphrodisischen Kräuter. Kalmus bestätigt: Was gut ist, muss nicht teuer sein.

Verführendste Kompositionen ätherischer Öle
Lust und Liebe-Bad

5 Tropfen Ylang-Ylang - 3 Tropfen Jasmin
2 Tropfen Sandelholz - 1 Tasse Milch oder 1 El Obers

Damit sich die ätherischen Öle gleichmäßig im Wasser verteilen, muss man sie vorher in die Milch oder das Schlagobers einrühren.

Fröhliche Bademischung

5 Tropfen Bergamotte - 3 Tropfen Ylang-Ylang
2 Tropfen Vanille - 1 Tasse Milch oder 1 El Schlagobers

Damit sich die ätherischen Öle gleichmäßig im Wasser verteilen, muss man sie vorher in die Milch oder das Schlagobers einrühren.
Bei diesem Bad verfliegt die schlechte Laune.

Venusduft

5 Tropfen Muskatellersalbei - 3 Tropfen Jasmin absolue
1 Tropfen Kassia - 1 Tasse Schlagobers

Die Öle mit dem Schlagobers vermengen und dem Badewasser untermischen.

Rosenliebe

2 Tropfen Rosenholz - 2 Tropfen Rosengeranie
1 Tropfen Petit Grain Clementinier
1 Tropfen Rose türkisch - 3 El Schlagobers

Die Öle mit dem Schlagobers vermengen und dem Badewasser untermischen.

Frauenfreuden

3 Tropfen Palmarosa - 3 Tropfen Ho-Blätter
2 Tropfen Litsea - 2 Tropfen Muskatellersalbei - 3 El Schlagobers

Die Öle mit dem Schlagobers vermengen und dem Badewasser untermischen.

Aphrodite's Dance

3 Tropfen Bergamotte - 2 Tropfen Sandelholz
1 Tropfen Benzoe Siam - 1 Tropfen Mimose Absolue
1 Tropfen Jasmin Absolue - 1 Tropfen Tuberose Absolue
3 El Schlagobers

Die Öle mit dem Schlagobers vermengen und dem Badewasser untermischen.

Erektionsfördendes Sitzbad

5 Tropfen Bohnenkraut - 5 Tropfen Rosmarin
5 Tropfen Wacholder - 2 bis 3 El Akazienhonig

Die Öle werden mit dem Honig vermischt und in das Wasser gerührt.
Ein würziges Ölbad für den erschöpften Mann.

Dianas Freuden

750 ml feines Steinsalz - 1 Tl Ylang-Ylang-Öl
1 Tl Neroli oder Orangenöl - ¼ Tl Nelkenöl
1 bis 5 Tropfen Patchouli

Das Salz wird gut mit den Ölen vermischt und in ein Glasgefäß gefüllt. Dies darf keinen Metalldeckel haben. Das Badesalz erst kurz vor dem hineinsteigen zugeben, damit die Düfte nicht verrauchen bevor man sie inhaliert hat.

Freier Fall in die Liebe

1 Tropfen Rose (oder Neroli bzw. Ylang-Ylang)
1 Tropfen Jasmin absolue - 1 Tropfen Sandelholz
1 Tropfen Basilikum - 1 Tasse Schlagobers oder 5 El Honig
4 El Rosmarin

Der Rosmarin wird mit einem Liter kochendem Wasser überbrüht und drei Minuten ziehen gelassen, abgeseiht und beiseite gestellt.
Die ätherischen Öle werden entweder mit Schlagobers oder Honig vermischt.
Den Tee und die Ölmischung kann man entweder für ein Sitzbad oder auch für ein wohliges Ganzbad verwenden.
Diese Mischung steigert die erotische Empfindsamkeit der Haut.

Nicht unerwähnt sei an dieser Stelle, dass Neroli das favorisierte Öl Kleopatras war.

Öle der Sinnlichkeit

*»Mit Küssen seines Mundes bedecke er mich.
Süßer als Wein ist deine Liebe.
Köstlich ist der Duft deiner Salben,
dein Name hingegossenes Salböl;
darum lieben dich die Mädchen.«*

Hohelied Salomons 1.2-3

Öle machen die Haut geschmeidig, lassen den Körper glänzen und bergen Duft und Wohlgeruch. Die sanfte Berührung einer Hand, die weich auf der Haut dahingleitet. Mehr bedarf es nicht, um zu schmelzen, sich der Wärme zu ergeben, in einem Traum zu versinken.

Doch eines bitte ich niemals zu vergessen: Öle sind nicht latexfreundlich!
Und Kondome und manche Reizwäsche bestehen aus Latex.

Maimonides Liebesöl

1 l Karottenöl - 1 l Rettichöl - ¼ l Senföl
½ l lebende safrangelbe Ameisen

Die Öle werden miteinander vermischt und die Ameisen untergerührt. Alles zusammen lässt man vier bis sieben Tage in der Sonne stehen. Danach wird das Erektionsöl abgefiltert.
Man massiert damit einige Stunden vor dem Beischlaf den Penis und wäscht ihn dann mit warmen Wasser. Die Folge ist eine sehr lang andauernde Erektion, die auch den Samenerguss überdauert.
Dieses Rezept sei niemandem ans Herz gelegt. Es bringt ans Licht, was man in früheren Zeiten nicht alles für seine Männlichkeit bereit war zu tun.

Öl des Orients

1 ml Muskatellersalbeiöl - 1 ml Jasminöl - 1 ml Rosenöl
1 ml Orangenblütenöl - 1 ml Kardamomöl - 50 bis 100 ml Kokosöl

Dieses sehr teure, aber betörende, starke Duftöl ist etwas für besondere Stunden oder solche, die es werden sollen.
Alle Öle werden gut miteinander vermischt und in einem hübschen, dunklen Fläschchen aufbewahrt.
Mit diesem bezaubernd duftenden Öl aus dem Orient massiert man sich gegenseitig ein und der Rest entwickelt sich von selbst.
In einer älteren und deftigeren Rezeptur kommt zusätzlich das Öl der Zibetkatze und Hengstsperma zur Anwendung. Jedoch sind diese nicht notwendig.

Eros-Öl

1 ml Muskatellersalbeiöl - 1 ml Jasminöl - 1 ml Rosenöl
1 ml Ylang-Ylang-Öl - 1 ml Orangenblütenöl
1 ml Kardamomöl - 1 ml Wacholderöl - 1 ml Patchouli

Eine prallere und erdigere Version des Orientöls.
Das Eros-Öl wird auch in Tee oder auf ein Dessert getropft und so innerlich eingenommen.
Für äußerliche Massagen wird das Öl mit warmem Kokosöl (50 bis 100 ml) verdünnt.

1001 Nacht

3 Tropfen Patchouli - 3 Tropfen Sandelholz
2 Tropfen Jasmin Sambac - 1 Tropfen Koriandersamen
50 ml Mandelöl

Ein Öl für Nächte, die man im zarten Duft der Liebe verbringen will. Ein schöner Flacon ist der angemessene Aufbewahrungsort.

Magische Venus

10 Tropfen Ylang-Ylang-Öl - 6 Tropfen Geranienöl
3 Tropfen Kardamomöl - 3 Tropfen Kamillenöl
50 ml Mandelöl

In das Mandelöl werden die anderen Öle eingetropft, danach werden durch unentwegtes Wenden der Flasche die Öle vermengt.
Ein Öl zum Parfümieren und Massieren.

Blumige Liebe

6 Tropfen Muskatellersalbeiöl - 6 Tropfen Ylang-Ylang-Öl
10 Tropfen Geranienöl - 50 ml Mandelöl

In das Mandelöl werden die anderen Öle eingetropft, hernach werden durch unentwegtes Wenden der Flasche die Öle vermengt.
Ein Öl zum Parfümieren und Massieren.

Olio Antico

2 Hand voll Rosenblüten - 1 Hand voll Jasminblüten
1 Hand voll Orangenblüten - 1 El Liebstöckel
1 El Wacholderbeeren - 1 Tl Vanille
500 ml Mandelöl

Die getrockneten Blüten werden mit dem Liebstöckel und den zerstampften Wacholderbeeren zwei Wochen im Öl mazeriert. Das Gefäß darf keinen Metalldeckel haben. Sodann wird das Öl durch einen Kaffeefilter abgegossen.
Mit diesem Öl wird die Haut weich und das Verlangen groß.

Rosenkuss

1 Hand voll Rosenblüten
  (Damaszenerrose, Kartoffelrose oder andere Duftrosen)
3 Tropfen Beifußöl - 2 Tropfen Jasmin Sambac
7 Tropfen Rosmarinöl - 5 Tropfen Muskatellersalbeiöl
2 Tropfen Patchouliöl - 3 Tropfen Sandelholzöl
5 Tropfen Weihrauchöl - 5 Tropfen Ylang-Ylang-Öl
100 ml Mandelöl

Die Rosenblüten werden im Mandelöl sechs Wochen lang in der Sonne mazeriert. Dann filtert man das duftende Öl ab und gibt die ätherischen Öle zu. Sie können die Mischung der ätherischen Öle ihren Vorlieben anpassen. Jedoch achten Sie darauf, dass Sie dem Mandelöl nicht mehr als insgesamt 35 Tropfen zugeben.

In der Schwangerschaft sollte man diese betörende Mischung nicht zum Umgarnen verwenden, aber für einen Beginn der Schwangerschaft ist sie vortrefflich.

Balsam für Muschel und Krabbe

100 ml Mandelöl - 3 gehäufte El Kakaobutter
2 El Bienenwachsflocken - 3 Kapseln Vitamin E
½ Tl Lieblingsöl (Lavendel, Ylang-Ylang, Rosen, Anis oder Orange)

Im Wasserbad werden das Mandelöl, die Butter und das Wachs vermengt und alles verschmolzen. Dann abkühlen lassen und die Festigkeit testen. Der Balsam darf nicht zu flüssig und auch nicht zu fest werden. Gegebenenfalls noch Wachs - macht härter - oder Öl - macht weicher - untermengen. Dazu die Mischung wieder erhitzen.

Erst beim endgültigen Abkühlen das Vitamin-E-Pulver der drei Kapseln sowie die Tropfen des ätherischen Lieblingsöls untermengen. Sanft rühren - keine Luft unterschlagen!

Der Balsam ist für Pflege und Geschmeidigkeit der blühenden Lippen und des wachsenden Stängels gedacht. Er ist sanft und freundlich und jede zarte Haut freut sich, wenn sie mit ihm benetzt wird.

Jedoch ist der Balsam nicht latexfreundlich.

Rosenrotöl

1 El Schminkwurz (Alkanna tinctoria) - 100 ml Mandelöl

Die Schminkwurz im Mandelöl sieben Tage lang ziehen lassen, dabei täglich die Mischung aufschütteln.

Dann das Öl abseihen und eventuell als Grundlage für den Balsam (siehe oben) oder zum Einfärben der empfindlichen, weiblichen Lippen verwenden.

Schokoladenbalsam

125 ml Kakaobutter - 2 gehäufte El Kokosöl - 1 Kapsel Vitamin E
1 El geriebene Schokolade - 1 Tl Vanilleextrakt - ½ Tl Honig

Im Wasserbad wird das Öl mit der Butter und der Schokolade verschmolzen. Dann kann man, wenn das Begehr besteht, den Inhalt der Vitamin E-Kapsel, das Vanilleextrakt und/oder den Honig untermengen.

Bitte beim Rühren darauf achten, dass keine Luft untergehoben wird. Dieser Balsam ist für die Intimpflege für und von Schokoladeliebhabern gedacht. Und bitte auch hier beachten, er ist lustfreundlich, doch nicht latexfreundlich.

Nur nebenbei bemerkt: Eine angenehme Zuwendung ist das kreisförmige Streicheln der Landschaft zwischen Anus und Vagina oder ebenso des Hoden.

Mädchenhonig

350 g Honig - 1 Prise Anis - 1 Prise Kalmus - 1 Prise Vanille
1 Prise Koriander - 300 ml Mannstreu-Sirup

Die pulverisierten Kräuter 15 Tage im Honigsirupgemisch und im Dunklen ziehen lassen.

Mannstreu - auch Meerdistel genannt - war neben Austern das Produkt, für das Ostengland in alten Aufzeichnungen berühmt war. Im 18. Jahrhundert wurden seine Wurzeln kandiert und in England als aphrodisische Pastillen vertrieben.

Honig wird übrigens seit der Antike verwendet, um den Koitus weicher zu gestalten. Er wurde häufig mit Kräutern aromatisiert und Ölen verfeinert. Das Gleitmittel der Wahl für den Naturliebhaber.

Düfte der Liebe

»Venus zündete mit ihrem Gottheits-Schein in meiner kalten Brust die heiße Fackel an.«
Liebeserklärung aus dem Barock

Düfte sind flüchtige Wesen. Sie laden zum Genuss, verweilen kurz und sind hernach nie gewesen. Und doch sind sie die mächtigsten Zeitzauberer. Ein Atemzug Waldboden und wieder ist man Kind. Das Kind, das lief, sich versteckte und die Freude des Entdecktwerdens erwartete, dabei aufgeregt den Waldboden einatmete - die Nadeln, die Erde, das Moos. Erwachsen ist es die Ahnung eines Parfums und mit ihr die Erinnerung an die geliebte Trägerin, die einen erschaudern lässt. Man sieht vor sich das Trugbild der Person im Schatten des Parfums.
Duft ist eine Illusion, nicht greifbar, zerstiebend, zerfließend und doch umfangen wie ein Traum.

»Illusion is the first of all pleasures.«
Oscar Wilde

Räucherungen sind archaisch; sie lassen Götter und tiefe Empfindungen auferstehen. Sie sind verbunden mit dem Urtümlichen in uns. Mit dem Menschen, der einst am Feuer saß und Holz in die Flammen werfend, den Rauch entdeckte. Den Rauch edler Hölzer, trockenen Krautes und weichen Harzes.
Ihm gleich, können wir bewaffnet mit einer Tonschale, ein wenig Sand und spezieller Räucherkohle den wogenden Rauch in unsere Höhle zaubern.

Man füllt die Schale, die nicht viel größer als das Stückchen Kohle sein muss, mit Sand und stellt sie sicherheitshalber auf eine nicht brennbare Unterlage. Hier bietet sich eine hübsche Untertasse an. Dann hält man die Kohle mittels Zange oder Pinzette in die Flamme eines Streichholzes, Feuerzeuges oder brennenden Kienspanes. Die Kohle beginnt gemächlich Funken zu sprühen. Sie wird in den Sand gelegt und man wartet bis sie über und über ergraut ist. Der Grauschleier ist eine Ascheschicht, die unser Räuchergut vor dem schnellen Verbrennen bewahrt. Erst wenn die Kohle von Anthrazit zu Taubengrau gewechselt hat, streut man ein bis zwei Prisen Räuchergut darauf. Und nun lehnt man sich getanen Werkes zurück und macht, wozu die Stimmung einen treibt.

Materialliste zum Räuchern

- Tonschale (5 – 10 cm Durchmesser)
- Feiner Sand (Vogelsand, Sand vom Strand oder vom Flussufer)
- Räucherkohle
- Grillzange, kleinere Zange oder sehr große Pinzette
- Zünder
- Nicht zu vergessen: das Räuchergut

Venusfeuer

3 Teile Olibanum - 1 Teil Zimtrinde - ½ Teil geriebenes Sandelholz
1 Prise Anis - 1 Prise Kardamom - 1 Prise Kalmus
½ Teil zerkleinerte Gelbwurz - Ylang-Ylang-Öl

Alle Zutaten werden grob vermahlen und gemeinsam mit etwas Öl zu einer geschmeidigen Paste geknetet, aus der man kleine Kügelchen formt. Diese Kügelchen lässt man auf der weißglühenden Holzkohle des Räucherpfännchens verduften.

Venusweihrauch

2 Teile Benzoeharz - 1 Teil Olibanum - 1 Teil Sandelholz
ein paar Tropfen Rosenöl

Alle Zutaten werden gründlich vermischt, wobei das Rosenöl erst zum Schluss darüber geträufelt wird. Nach und nach krümelt man die Mischung auf die weißglühenden Kohlen des Räucherschälchens.
Dieser der Venus geweihte Hauch erweckt die innere Glut.

Rauchwerk der Liebe

8 Teile Olibanum - 4 Teile Sandelholz - 4 Teile Zimt
2 Teile Veilchenwurzel - 2 Teile Moschus
15 Teile Weihrauch - 4 Teile Rosenöl

Die zerkleinerten Zutaten werden vermischt und danach mit Rosenöl beträufelt. Die Menge des Rosenöls kann man variieren.
Drei Prisen werden auf die Kohle gebröselt.

Rauchopfer für Aphrodite

2 El Sandelholz - 4 El Zimtrinde - 1 El Muskatnuss
1 El Damiana - 1 Prise Rosmarin - 1 Prise Koriander
1 Prise Liebstöckel - 10 Tropfen Rosenöl

Die zerkleinerten Zutaten werden vermischt und danach mit dem Rosenöl beträufelt.
Drei Prisen werden auf die Kohle gebröselt. Diese Mischung besticht durch ihre Beflügelung der Fantasie.

Liebe und Lust

2 El Sandelholz - 2 El Zimtrinde - 1 Prise Koriander - 1 Prise Anis
1 Prise Muskatnuss - 1 Prise Kardamom - 1 Prise Kalmus
Thymianöl - Drachenbaumharz als Bindemittel

Die zerkleinerten Zutaten werden vermischt und danach mit einigen Tropfen Thymianöl beträufelt. Die Mischung wird mit dem Harz des Drachenbaums verknetet bis eine Paste entsteht.
Es wird ein kleiner Teil der Paste der Kohle dargebracht.
Diese Mischung benebelt die Sinne und befreit die Lust von ihren Fesseln.

Und wer sich fragen mag, warum gerade Sandelholz Bestandteil jeder Mischung ist, dem sei geantwortet. Im Sandelholz finden sich Substanzen, die den menschlichen Sexualduftstoffen, den Pheromonen, ähneln. So dringt der Rauch des Sandelholzes direkt in das Unterbewusstsein und bereitet ein wohliges Gefühl und öffnet die Sinne.
Die magischen Frauen des Mittelalters mischten Sandelholz, Lotusblätter und Iriswurzeln. Diese Mischung stand im Ruf unfehlbar sexuelle Begierde zu erwecken.
Im Anschluss an den kurzen Exkurs, ein Rezept für eine Wasserpfeifenmischung.
Es ist fraglich, ob Barbarella im gleichnamigen Film auf ihrem Gang durch die verfluchte Stadt über dem Mathmos, einem vulkanischen See des Bösen und Verdorbenen, das Krautgemisch der 'Essenz des Mannes' in der Wasserpfeife vorgezogen hätte. Denn es reckelte sich ein nicht zu verachtender Mann im Bauche der überdimensionierten Wasserpfeife und laszive Frauen zogen an den Mundstücken, so auch Barbarella.
Wir aber haben weder Mathmos noch Männer in Wasserpfeifen, daher fällt uns die Wahl nicht schwer.

Damianamischung:

4 Teile Damianablätter - 4 Teile Helmkraut - ½ Teil Lobelienkraut
4 Teile Passionsblumenkraut - 1 Teil grüne Minze

Die Kräutermischung wird auch 'Yuba Gold' gerufen.
Sie ist für die inspirierende und verführende Wasserpfeife.

Lebenselixiere

»"Man lernt, die Kräfte des Lebens ins Gleichgewicht zu setzen, den Körper zu üben, das Lebenselixier zu bereiten, den Nabel zu reiben und den Atem zu beherrschen."
"Kann man dadurch das ewige Leben erlangen?"
"Auch noch nicht."
"Dann lern ich ihn nicht! Dann lern ich ihn nicht!"«

Richard Wilhelm, Chinesische Märchen 'Der Affe Sun Wu Kung'

Die Lebenselixiere schmecken wie das Leben manchmal ist: bitter. Doch schrecken Sie nicht davor zurück. Bitterstoffe regen die Galle und unseren Stoffwechsel an und versüßen uns so indirekt das Leben.

Der tiefere Sinn und Zweck eines Lebenselixiers ist die Erhöhung der Wohlbefindlichkeit. Dafür folgen mehr oder minder wohlschmeckende Rezepturen.

Zuerst jedoch zur Erbauung eine über den Arzt Paracelsus im Salzburgerischen grassierende Sage:

Der junge Famulus, Erasmus Palmer, war verlobt mit Agathe Schnellerin. Er lernte beim großen Paracelsus und wusste um das Lebenselixier, welches jener besaß.

Und der Neid keimte in seiner Verlobten. Der Neid und die Gier trieb sie an, den Famulus zum Mord an seinem Lehrherren anzustacheln. Der Lehrherr ward erdolcht, der Verdacht fiel auf den Famulus und gefunden wurde er in den Armen seiner Liebsten, welche ihren Teil des Elixiers getrunken hatte.

Schlecht ging es aus für den Famulus. Er wurde in den Kerker geworfen und starb in der Nacht vor seiner Hinrichtung aus Scham und Reue. Doch seine Braut wurde eine Braut Christi und lebte im Stift Nonnberg. Dank des Elixieres bereute sie ihre Untat über hundert Jahre bis Gott ein Einsehen hatte, ihr vergab und sie starb.

Man beachte das Problem, welches mit Lebenselixieren schon seit der Antike einhergeht. Das bloße Leben ohne rege in Gedanken, Worten und Geist zu sein, ist nicht erstrebenswert.

Sehen wir uns Thitonos an, welcher mit seiner Erscheinung Aurora, die Göttin der Morgenröte, betörte. Sie nahm ihn auf in ihrem Palast,

teilte das Lager mit ihm und erbat von Jupiter die Gunst des ewigen Lebens für ihn. Im Eifer der Liebe vergaß sie, ebenso um ewige Jugend zu bitten. Und der schöne Thitonos wurde zum Greis und wurde kindisch und lag in ihrem Bett. Und Aurora, die schöne Morgenröte, wurde seiner Pflege überdrüssig. So sorgte sie dafür, dass er in eine Heuschrecke verwandelt wurde.

Materialliste
- 2 mind. 1,5 l Glasgefäße
- Leinentuch oder Kaffeefilter
- Filter

Kleiner Schwedenbitter

10 g Aloe (ersatzweise Enzianwurzel oder Wermutpulver)
5 g Myrrhe - 0,2 g Safran - 10 g Sennesblätter
10 g Kampfer (nur Naturkampfer) - 10 g Rhabarberwurzel
10 g Zitwerwurzel - 10 g Manna - 10 g Theriak venezian
5 g Eberwurzwurzel - 10 g Angelikawurzel
1 ½ l Kornbranntwein (ca. 40%)

Die Schwedenkräuter setzt man mit Kornbranntwein oder einem anderen guten Obstbranntwein in einer breithalsigen 2 l Flasche oder in einem Weckglas an und lässt sie 14 Tage lang in der Sonne oder in Herdnähe stehen. Täglich wird alles durchgeschüttelt, ebenso vor dem Abseihen durch ein Leinentuch. Man kann den Schwedenbitter auch länger ziehen lassen, denn je länger er zieht, desto wirksamer wird er.

Den Schwedenbitter niemals pur trinken. Er ist so intensiv, dass unsere Geschmackssinneszellen gequält aufjaulen würden. Daher verdünnt man ihn immer mit ein wenig Wasser.

Ein Teelöffel Schwedenbitter aufgelöst in einem kleinen Glas Wasser ist für eine Kur ausreichend.

Im Falle eines verdorbenen Magens kann auch ein Stamperl in einem Glas Wasser verdünnt getrunken werden.

Vespétro

60 g Engelwurzsamen - 8 g Fenchelsamen - 8 g Anissamen
6 g Koriandersamen - 0,3 l Weingeist
500 g Zucker, Honig oder Ahornsirup - 1 l Wasser

Das Wasser gegebenenfalls abkochen und abgekühlt mit dem Alkohol vermengen. Die zerstoßenen Kräuter im Alkoholwassergemisch ansetzen und ein bis zwei Wochen ziehen lassen. Nun abfiltern und das Süßungsmittel unterrühren. Ich persönlich bevorzuge die Wurzeln statt der Samen der Engelwurz. Der Likör schmeckt dann lebendiger, aber auch herber.

Ein bis zwei Schnapsgläser pro Tag kann man sich gerne genehmigen. Da die Engelwurz ein 'Frauenkraut' ist, ist er besonders diesen zu empfehlen.

Lebenselixier

10 g Angelikawurzel - 10 g Rhabarber - 10 g Enzian
10 g Schafgarbe - 10 g Wermut - 10 g Heidelbeeren
1 maiskorngroßes Stück Kampfer (nur Naturkampfer)
10 g Tausendguldenkraut - 10 g Zitronenmelisse
10 g gemahlene Wacholderbeeren - 10 g Wiesenbärenklau
1 ½ l Kornbranntwein (ca. 40%)
Wie beim Schwedenbitter verfahren.

Chinesisches Tonikum

30 g Arillus Longan - 30 g Angelikawurzel
1 l Korn

Die Kräuter werden eine Woche lang im Korn ziehen gelassen, wobei man das Gefäß täglich schüttelt. Danach filtriert man das Tonikum.
Man trinkt täglich vor dem Schlafengehen nicht mehr als ein kleines Stamperl. Es schenkt einem Vitalität und Lebensfreude und stärkt das Herz, den Kreislauf und die Atemwege.

Duchesenes Lebenselixier

60 g Enzianwurzeln - 30 g Tausendgüldenkraut - 15 g Maisbart
15 g Nelken - 15 g Galgant - 5 g Salbei - 5 g Rosmarinblüten
300 ml Weingeist - 400 ml abgekochtes Wasser

Die Kräuter lässt man eine Woche lang im Weingeistwassergemisch ziehen. Sodann filtert man ab.
Von diesem Elixier nimmt man wöchentlich einen Teelöffel in einer Tasse Tee oder einem anderem Getränk ein.
Das Tausendgüldenkraut (*Centaurium erythraea*) leitet seinen Namen nicht - wie zu erwarten - von seiner Kostbarkeit in Gold, sondern von Chiron dem Zentauren, der damit Wunden heilte, ab.

Tonikum für Innen und Außen

50 g Knabenkraut - 35 g Breitwegerich - 25 g Beifußblätter
25 g Beifußwurzel - 12 g Ysop - 12 g Hirschzungenfarn
12 g Ehrenpreis - 12 g Alant - 1 l Alkohol (50%)

Die kleingeschnittenen oder gerebelten Kräuter werden in Alkohol vier Wochen ziehen gelassen. Dann wird abgeseiht.
Dieser Trunk ist zur äußeren Einreibung und inneren Stärkung vor Höchstleistungen gedacht. Ein Stamperl für den Magen und eines für die Einreibung.

Chartreuse

50 g Zitronenmelisse - 50 g Pfefferminze - 40 g Engelwurz
8 g Thymian - 4 g Arnikablüten - 5 g Ysop - 5 g Edelraute
4 g gemahlener Zimt - 4 g Macis - 1 l Alkohol (50%)

Alle Zutaten werden gemeinsam vier Wochen mazeriert. Dabei wird hin und wieder das Glas geschüttelt, um einen intensiveren Auszug zu erhalten. Danach wird die Flüssigkeit abgeseiht. Gemeinhin nimmt man einen Teelöffel des Tonikums vor den Mahlzeiten ein.
Möchte man statt des so erhaltenen Bittertonikums einen Likör machen, erhitzt man einen Liter Wasser mit 800 g Zucker und lässt beides eine Viertelstunde kochen. Den entstehenden Schaum hebt man ab und mischt einige Tropfen Zitronensaft unter. Der Sirup wird heiß durch ein Tuch gefiltert und mit einem Viertelliter Weingeist vermengt. Jetzt wird das Bittertonikum untergemischt und alles gemeinsam acht Wochen in einem Glas reifen gelassen.
Voilà, der Likör ist fertig.

Warburger Tropfen

10 g Rhabarberwurzeln - 10 g Engelwurzsamen - 5 g Fenchel
5 g Alant - 5 g Safran - 2 g Enzianwurzeln - 2 g Kreuzkümmel
2 g Kubeben - 2 g Myrrhe - 2 g Lärchenporling
0,5 g schwarzer Pfeffer - 1 g Zimt

Die Zutaten werden fein gemahlen oder gemörsert und in ein Glasgefäß gegeben. Man gießt nun soviel Vodka hinein, dass das Pflanzenmaterial drei Zentimeter vom Alkohol bedeckt ist. Täglich wird geschüttelt und nach zwei Wochen wird alles abgeseiht.

Normalerweise nimmt man vor den Mahlzeiten zwei- bis dreimal pro Tag 20 Tropfen ein.

Langes-Leben-Schnaps

1 l Schnaps
frischer Rosmarin, Salbei, Thymian, Majoran, Basilikum und Minze

Aus der Flasche gießt man einen Viertelliter Schnaps aus und füllt diese mit den Kräutern auf. Dreißig Tage sollen der Schnaps und die Kräuter Zeit haben, im Warmen zu ziehen.

Jeden Tag sollte man ein paar Tropfen trinken, um hundert Jahre alt zu werden. So erzählt man sich im Süden Frankreichs.

Traditionell wird die Flasche immer wieder mit Kräutern und Schnaps neu gefüllt, so dass sich alt und neu in ihr Gesellschaft leisten.

Pflanzen der Freude und Stärke

Jahr für Jahr weckt der Frühling mit frischem Grün die Seele auf. Das Gras sprießt. Die Bäume schlagen aus. Nach dem kalten Winter wandeln die Götter des Lebens wieder auf Erden. Die Natur erwacht. Eng verbunden mit ihr ist die Liebe und die Lebenslust.

Kaum hebt die Schlüsselblume ihren kleinen Kopf aus der Erde, schon wurde in Britannien ein Liebeszauber mit ihr gewoben. Die Maid, die Liebe suchte, pflückte zu Sonnenaufgang eine Hand voll Blüten. In ein Glas Regenwasser wurden sie achtsam gelegt. Die Sonne schien den lieben, langen Tag darauf. So nahm das Wasser die Weihe der 'schönen Göttin' in sich auf. Des Abends wurde der Polster des Liebsten damit besprengt. Die Maid murmelte hiebei einen Zauberspruch. Und dann am nächsten Morgen hatte der Bursch sein Herz verloren an eben diese Maid.

Liebeselixiere ohne der holden Schlüsselblume waren auf der Insel undenkbar. Denn die 'schöne Göttin' strahlte und wirkte durch das gelbe Blümchen.

Wie nüchtern mutet einen dagegen das Zählen der Blüttenblätter einer Margerite an.

>>*Er liebt mich. Er liebt mich nicht. ....*«,

bis mit dem letzen Blatt auch die Entscheidung fällt. Wenigstens kann man so lange Blumen pflücken, bis die Antwort mit dem Wunsch zusammenstimmt.

Liebeszauber gab und gibt es noch und nöcher bei uns, auf anderen Kontinenten, in Sagen und Mythen.

Shakespeare läßt einen Hauch vom Dunkel der kolchischen Magie durch den Kaufmann von Venedig wehen, wenn Jessica spricht:

>>*In solcher Nacht*
Las einst Medea jene Zauberkräuter,
Den Äson zu verjüngen.«

Welch Mädchen in die Zukunft seiner Liebe schauen wollte, das griff an St. Johanni zum Klettenlabkraut.

Zu Mitternacht, wenn Magie durch das Dunkel flirrte, lief sie mit freudig pochendem Herzen dreimal ums Haus, wand mit flinken Fingern einen Kranz aus eben diesem Kraut und sang leise:

> *»Klebekraut, ich winde Dich.*
> *Schätzchen, ich finde Dich.*
> *Wenn Du willst der meine sein,*
> *komm vor meinen Augenschein.«*

Hatte sie mit der letzten Runde den Kranz vollbracht, so wurde sie ihres Zukünftigen ansichtig. Wenn nicht, oh weh, dann wurde sie krank und siech.

Ebenso sprach das Johanniskraut Wahrheit über Lieb und Leid. In Bayern wurde es gepflückt, mit aufgeregten Händen zerdrückt und durch ein Tuch gepresst. Sodann konnte der Liebende, egal ob Mann, ob Frau, gleich sehen, wie es um ihn und seine Herzliebste stand. Denn:

> *»Bist mer gut, gibt's mer Blut.*
> *Bist mer gram, gibt's mer Schlam (Schleim).«*

Wollt ein Bauernbursche sicher gehen, dass seine Liebste eine rechte Kindsmutter sei, so befragte er die Malve. Zuerst besorgte er sich, wie auch immer, den Urin von eben dieser. Dann goss er ihn über eine schöne Malve. Verdorrte diese nach drei Tagen, so verhieß es keinen Nachwuchs mit dieser Braut, gedieh sie weiter, so gab es eine Kinderschar.

Wer Liebeszaubern aus dem Weg gehen wollte, der griff zur Wegwarte, zur Sonnenbraut, die ihn vor 'falschem' Zauber schützte.

War man gespalten in der Liebe, wusste nicht recht, wen man zu seinem Liebchen machen sollte - denn hübsche Maiden gab es viele - so fragte man den Haselzweig. Thomas Grey, ein englischer Dichter, fand dafür die schönsten Worte:

> *»Zwei Haseln warf ich in die Flammen,*
> *und jeder gab ich eines Liebchens Namen.*
> *Mit lautem Knall zersprang die erste schnell,*
> *im Feuer leuchtete die zweite still und hell.*
> *Ach, wenn doch deine Liebe so erblühte,*
> *wie deine Nuss im Feuer glühte.«*

Nicht nur allein Orakel war die Hasel, auch Fruchtbarkeitsspenderin war sie.

Wenn eine Frau unfruchtbar war, ging sie für kleine Mädchen auf den Haselstrauch und sprach zu ihm:

> »Höre, du Nussbaum, so wie du geraten bist, so möge ich auch mein Kind gebären.«

Denn ein Haselstrauch hat unter seinen Fittichen unzählige Sprosse und daher massig Kinderlein.
Konnte ein Mann nicht minnen, schlug er den Sorgenbereiter mit den Worten

> »Höre Nussbaum, wie du voller Blüten bist, möge auch mein Zumpt sein.«

gegen eine Haselrute. Denn rieseln nicht die Nusspollen eifrig herab, berührt man nur zart den blühenden Zweig.
Frauen können am Hochzeitstage einen Zauber wirken, der ihre Ehe nach ihnen richtet. Beim Vorspiel in der Hochzeitsnacht soll sie Senf- und Dillsamen über die Decken ihres Mannes streuen und dazu murmeln:

> »Ich hab' Senf und Dill, mein Mann muss tun, was ich will.«

Manche Braut trägt die Samen der Pflanzen im Schuh, und manche raunt den Spruch in der Messe, je nach tradierter Tradition.
In der Antike schlug man ebenso zu, wenn die Manneskraft nicht zum Vorschein kommen wollte. Es verkündet Titus Petronius Arbiter (11 - 66 n. Chr.) in 'Satyricon', dass der Erzähler der Geschichte, Encolpus, von diesem Umstand folgendermaßen enthoben wurde. Enothea, eine Priesterin des Priapus (Gott der Fruchtbarkeit), führte einen in Öl und Pfeffer getauchten und in gepulverten Nesselsamen gewälzten Dildo in seinen Anus ein. Sie strich mit der selben Mischung seine Schenkel ein. Das Gemächt wurde mit einer Mixtur aus Gartenkressensaft und Eberraute benetzt. Um sicher erfolgreich zu sein, ließ sie noch seine verzagte Männlichkeit mit Brennnesseln auspeitschen bis er sich geheilt durch diese Kur vom Lager erhob und floh.
Gleichso empfahl Otto Brunfels (1489 - 1534 n. Chr.), nach dem Genuss von Brennnesselwein, falls das müde Glied dennoch 'hanget' eine Urtikation (Auspeitschen mit Brennnesseln), ganz nach Petronius. Bauern hielten von dieser Behandlung viel, besonders wenn es galt, einen Stier, der kein sichtbares Interesse für eine zu bespringende Kuh zeigte, zu entflammen.

Mittelalterlichen Mönchen und Nonnen war es nicht erlaubt, Bohnenkraut anzubauen, geschweige denn gar Brennnesselsamen zur Kräftigung zu essen. Es ist eben besser, der Versuchung nicht Tür und Tor zu öffnen.

Nicht nur zum Zauber, nicht nur zur Kur, auch zum Bezirzen, zum Schmücken diente die Natur. Es schwärmte schon der alte Dichter Ovid (43 v. Chr. – 17 n. Chr.) von der schönsten aller Zentaurinnen, Hylonome:

> *»ut modo rore maris, modo se violave rosave*
> *inplicet, interdum candentia lilia gestet«*
> *»Dass sie mit Rosmarin, mit Viol' und Rose das Haar sich*
> *Oft durchflicht, und zuweilen in schimmernden Lilien pranget«*

Neben Schmuck und Liebesgunst beschert uns die Pflanzenwelt gleichwohl Mystisches, Alchimistisches.

Zutaten für den Stein der Weisen, unabdingbar für Lebenselixiere, die schenkt uns auch das Pflanzenreich.

Der erste und daher selbsternannte Kaiser Chinas, Shih Huang Ti (295 – 210 v. Chr.), ließ Tempel für die Unsterblichen errichten. Nicht selbstlos, er wollte sie mit diesen anlocken, um an die große rote Pille der Unsterblichkeit zu gelangen.

Einer ihrer Bestandteile war Quecksilber, welches die Kraft der spirituellen Energie steigern sollte und Ling Zhi (*Ganoderma lucidum*), der Pilz der Unsterblichkeit, war ein anderer. Ling Zhi hingegen sollte die tödliche Wirkung des Quecksilbers aufheben.

Es war dem Kaiser nie vergönnt die echte Pille zu ergattern. Er starb auf der Suche nach den Bestandteilen der roten Pille in seiner Sänfte - man munkelt an Quecksilbervergiftung.

Nun denn, der Tod macht keinen Unterschied, ob arm, ob reich - für ihn sind alle gleich. Es stellt sich lediglich die Frage, wie lebe ich bis dieser unausladbare Gast sich bei mir blicken lässt. Unbeschwert oder mit Plagen im Handgepäck.

Der bodenständige Volksglaube hielt viele Mittel parat, um sich zumindest von Leiden zu trennen. Ein Beifußkranz, gewunden unter dem Murmeln eines Spruches am Sonnwendtag, den sollte man sich umgürten und dann in das hell prasselnde Sonnwendfeuer werfen. Es verbrannten, gebannt in den Kranz, die Leiden, die man in sich trug.

Zu Pestzeiten sang im Elsaß ein Vöglein:

>*»Trinket ab Ehrenpreis und Bipernell, so sterbet nit so schnell!«*

Erfolgreich war, so geht die Fama, Paracelsus (1493 - 1541 n. Chr.). Er fand das Lebenselixier. Doch starb auch er - der Sage nach durch Mörderhand. Vielleicht fanden sich in seinem Elixier die 'Himmelstropfen' des Frauenmantels. Dieses, der Göttin Freya geweihte Kraut, scheidet auf seinen Blättern Wasser aus. Es entstehen sogenannte Guttationstropfen, die sich am Blatt sammeln und in früheren Zeiten als magisch galten.

Nüchterner mutet der Ratschlag des Arztes Matthiolus (1501 - 1577 n. Chr.) an:

>*»Ein Stück Wurzel (Rhabarber) jeden Morgen gekaut, dienet der Erhaltung der Gesundheit.«*

Er hielt sich an die Richtlinie seiner Zeit, dass was den Körper reinigt, ihm auch nütze.

Der Volksmund verweist mit folgendem Spruch aus dem Kinzigtal auf den Dost:

>*»Nimm Dost onn Johannesblout*
>*Dai sai für all Kranket gout!«*

Und nicht allein dem Körper hilft er, sondern auch die Seele macht er froh. Deswegen trägt er auch den Namen, das 'Kräutlein Wohlgemut'.

Unzähliges schenkt uns die Natur. Meist braucht man sich nicht einmal sehr tief zu bücken, so eifrig sprießt es uns entgegen.

Einige ihrer Geschenke aus Ost und West werden Sie kennen lernen. Gassenhauer wie der Ginseng und Exoten wie Maca harren Ihrer. Aber auch die gute, alte Petersilie wartet Ihnen auf. Lassen Sie sich bestechen und betören.

Alraune

Mandragora officinalis

»Feire einen schönen Tag!
Gib Balsam und Wohlgeruch zusammen an deine Nase,
Kränze von Lotus und Liebesäpfeln (Alraune) auf deine Brust,
während deine Frau, die in deinem Herzen ist, bei dir sitzt.«

Liebeslied aus dem neuen Reich des alten Ägypten

»Der Kerl kann mehr als Äpfel braten, der hat einen Alraun im Leib. Sei auf der Hut, alter Hans, das ist kein Diener für dich.«

Gebrüder Grimm, 'Der Riese und der Schneider'

Alraune, die alte wissende und raunende Zauberpflanze. Sie erschien der Sage nach auf Erden als Prometheus' Leid begann. Er, ein Titanensohn, brachte den Menschen in einem Riesenfenchelstängel die Glut des göttlichen Feuers. Es war nicht das Feuer allein, das nun die Bühne der Welt betrat. Es waren ferner auch Kultur und Geistesleben, die mit der züngelnden Flamme gemeinsam ihren Auftritt in der Menschheitsgeschichte feierten.

Göttervater Zeus war davon alles andere als begeistert. Zur Strafe ließ er Prometheus an einen Felsen im Kaukasus schmieden. Täglich schickte er einen Adler, Prometheus Leber zu fressen. Auf dass das Leiden lange anhielt, wuchs jede Nacht die Leber nach. Aus der klaffenden Wunde tropfte 'Lebersaft'. Kaum berührte dieser den Boden, spross schon die Alraune aus dem Erdreich und erblickte zum ersten Mal die Sonne.

Die Ägypter glaubten nicht an die Prometheussage, trotzdem pflegten sie ihren Toten 'Liebesäpfel' (Alraunenfrüchte) mitzugeben. Entweder schmückten sie die Wände der Grabkammer mit ihren Abbildern oder verarbeiteten die Früchte in magischen Geschmeiden.

Der Name Mandragora, welcher auf Iranisch 'Zauber wirkend' bedeutet, spricht für sich. Die hebräische Bezeichnung 'dûdâ'îm' ('düd' bedeutet lieben) weist auf ihren Nutzen in Liebestränken hin.

Ein trauriges Schicksal wurde durch die Alraune besiegelt. Sappho (ca. 650 v. Chr.), die Stammmutter der Lesbenbewegung, verfiel durch Mandragoras Zauberkraft dem Jüngling Phaon. Ihre lodernde, sie verzehrende Liebe blieb unbeantwortet. So kommt es, dass heute am Strand von Skala Eressos auf der Insel Lesbos der Felsen, von dem aus sie sich in das Meer stürzte, um den erlösenden Tod zu finden, eine touristische Attraktion ist.

Doch die Alraune verlängerte auch unzählige Leben. Sie wurde zu einem Bestandteil des berühmtesten Heilmittels der Pharmaziegeschichte, dem Theriak. Die Grundrezeptur wurde vom Leibarzt des pontischen Königs Mithridates VI. (132 - 63 v. Chr.), der panische und nicht unbegründete Angst vor einem Giftattentat hatte, entwickelt. Später wurde die Rezeptur von den Römern erweitert und viele Kaiser schluckten das Antidot 'Theriak'. Übrigens schreckte man zu Mithridates Zeiten nicht vor Menschenversuchen zurück, um ein wirklich wirksames Antidot zu entwickeln.

Die Alraune ist eine Zauberpflanze. Nutzen, wie auch Schaden, kann sie spenden. Meist wurde sie verwendet, um tiefen und narkotischen Schlaf hervorzurufen. Denn auf der Insel der Träume blüht laut Lukian nur Mohn und Mandragora. In der Antike wurden Wein und Bier mit Mandragora versetzt. Die Wirkung war je nach Dosierung leicht psychoaktiv bis sedativ. Mit Mandragora jedoch ist nicht zu scherzen, zu viel von ihr zugesetzt und Thanatos, der Tod, des Schlafes Bruder, wartet uns auf.

Ab dem 10. Jahrhundert fühlte sich das Alraunenmännchen bei uns heimisch. Die menschenähnliche Wurzel der Alraune, so war man überzeugt, war beseelt mit einem Geist, der seinem Besitzer Heil und Wohlstand brachte. Im Gegenzug musste sich der Herr des Männleins um das Wohl des Wurzelgeistes kümmern. Das Alraunenmännchen wurde gut gekleidet oder in Seide gewickelt, bekam ein eigenes, kleines Särglein und erhielt von jeder Speise einen Bissen zugeteilt. Jeden Freitag war Badetag, nicht mit Wasser, nein mit Wein musste man das Männlein waschen. Wehe dem, der sein Alraunchen vernachlässigte. Dann brach Unheil, Verderben und Tod aus. Ein Hausgeist ist eben ein zweischneidig Ding.

Der Handel mit den schwer zu beschaffenden 'Galgenmännlein' florierte in Zeiten des Elends und der Not, so auch im Dreißigjährigen Krieg. Wobei gewiefte Händler aus Kalmus oder Iriswurzeln Imitate herstellten und davon gut lebten. Zumindest ihnen brachte das Alraunenmännchen Wohlstand. 'Galgenmännlein' wurde es gerufen, weil die Alraune dem Volksglauben nach aus dem Ejakulat Gehängter spross.

Im 15. Jahrhundert wurde sie eine Zutat der beliebten Pappelsalbe, die damals noch außer Pappelknospen nur aphrodisische und psychoaktive Pflanzen enthielt.

Die berühmteste und berüchtigste Salbe, in der Mandragora eine Hauptrolle spielt, ist die Hexensalbe. Eine Rezeptur aus dem 16. Jahrhundert lautet:

> *»Man nehme Mandragora / Tollkirsch / Bilsenkraut / Bittersüß und Stechapfel / darf auch Schilling / Giftlattich und Mohn dabei sein / vermenge Katzenfett / Hundsfett / Wolfsfett/ Eselsfett / Fledermausblut und Kinderfett / um zu einer salbenartigen Konsistenz zu bringen.«*

Mit Hilfe der oft rektal eingeführten Hexensalben wurden Fluggefühl sowie wollüstige, ausschweifende und kirchlich verdammte Träume herbeigeführt.

Die Heilige Hildegard von Bingen war sich sicher, dass der Alraunenwurzel allein schon wegen ihrer menschenähnlichen Gestalt mehr teuflische Einflüsterungen innewohnten als anderen Pflanzen. Daher müsse man die Pflanze nach der Ernte einen Tag lang in reines Quellwasser legen. Sodann ist die Mandragora rein, reingewaschen auch von ihrer Zauberkraft. Hildegard bestätigt, dass Mandragora Trugbilder hervorrufen kann, setzt die Pflanze jedoch als Mittel gegen Traurigkeit ein.

Seit 1877 ist Mandragora officinalis als homöopathisches Mittel offiziell anerkannt. Eingesetzt wird sie als Schmerzmittel zur Behandlung von nervösen Beschwerden und als Aphrodisiakum. Ihre Blätter werden bei Hautgeschwüren aufgelegt.

In der Volksmedizin werden auch heute noch Alraunenwurzeln in die Hand genommen oder aufgelegt, um Schmerzen zu stillen.

In Räucherungen kann die Wurzel gemeinsam mit Beifuß, Minze und Nelken gegen Kopfschmerzen verwendet werden. Für Liebesräucherungen werden die Früchte empfohlen. In Ritualräucherungen kann mit Hilfe der Wurzeln Kontakt zu den Ahnenkräften aufgenommen werden.

Ihre Faszination hat durch die Jahrtausende nicht nachgelassen. Hauptfigur einer der ersten Horrorfilme (1918) ist, wie könnte es anders sein, die fleischgewordene Alraune. Viermal innerhalb von weniger als vier Jahrzehnten wurde der Roman 'Alraune' von Hanns Heinz Ewers auf Zelluloid gebannt. In der derzeit letzten Filmversion von 1952 erweckten die legendäre Hildegard Knef und Karl Heinz Böhm die mystische Pflanze zu menschlichem Leben.

Verwendung
- Urtinktur (nur auf Rezept) oder Potenz D4
- Räucherungen

Verbreitung
Bei uns wächst sowohl die sogenannte Herbstalraune Mandragora autumnalis als auch die Alraune Mandragora officinalis. Im Mittelalter galt die Herbstalraune als weibliches Gegenstück zur männlichen Alraune.

> Bitte beachten Sie! Diese Pflanze ist giftig!

Catuaba

Erythroxylum catuaba

»Bis der Vater 60 ist, ist's der eigene Sohn,
danach ist's Catuabas Sohn!«

Brasilianisches Sprichwort

Dieser mittelgroße Baum mit hübschen, trompetenförmigen, gelben und orangen Blüten gehört zur Familie der Cocagewächse.
Catuaba beinhaltet jedoch keinerlei Cocainalkaloide.
Seine Popularität verdankt er den Tupi-Indianern. Sie waren die ersten, die seinen Wert als Aphrodisiakum erkannten und weidlich genossen. Über die Jahrhunderte hinweg sammelte sich ein wahrer Liederschatz über das Können Catuabas bei den Indianern an.
Heute ist Catuaba der beachtetste und berühmteste Liebesbaum in Brasilien. Verwendet wird seine Rinde. Diese beinhaltet einen roten Farbstoff, der einerseits der Pflanze ihren wissenschaftlichen Namen gab – das griechische Wort für Rot ist *erythros* – und andererseits etlichen brasilianischen Erfrischungsgetränken Farbe verleiht.
Nicht nur in der neuen Welt, sondern auch im guten alten Europa mischt sich Catuaba mit Alkohol, hier vornehmlich mit Bier.

- Catuaba gilt als erprobtes Stimulans des zentralen Nervensystems mit aphrodisischen Eigenschaften.

- Wegbereitend für seine aphrodisischen Kräfte ist die Eigenheit beruhigend und stabilisierend auf das Nervensystem zu wirken. Denn wer seine Nerven wegwirft, ist für entspannte Abende nicht zu gewinnen. Dem arbeitet Catuaba entgegen. Es lindert Nervosität, Unruhe, Schlaflosigkeit sowie Nervenschwäche und Erschöpfung.

- Selbst das Gehirn und seine Merkfähigkeit wird von Catuaba wieder auf ein besseres Niveau gehoben. Bei schlechtem

Gedächtnis und Vergesslichkeit ist Catuabatee ein probates Mittel.

- Doch nun weiter mit seinen wahrlich angenehmen Wesenszügen. Catuaba vertieft die Erotik der Träume und weckt das Interesse an körperlicher Zuneigung. Sowohl Frauen als auch Männern erweist Catuaba die Gunst der Liebe, wobei es die Männer doch ein wenig bevorzugt und ihnen höhere Standfestigkeit verleiht.
- Ebenso wird Catuaba gerne bei Prostatabeschwerden verwendet.

Verwendung

– Tee (1 - 3 Tassen pro Tag)

– Likör oder Geist
  (die Mehrzahl der Wirkstoffe lässt sich im Alkohol lösen, daher ist der Extrakt wirksamer als der Tee)

Verbreitung

Im Norden Brasiliens und im Amazonasgebiet ist dieser 'gute Baum' - wie er von den Tupi-Indianern gerufen wird - zu finden.

Chinesischer Raupenpilz

Cordyceps sinensis

Dieser ungewöhnliche und kostbare Pilz - sein Preis schlägt den der Königin der Speisepilze, der Trüffel – wächst in der Natur in Höhenlagen von bis zu 5000 m in China und Tibet. Weil er so rar ist, war er im alten China ausschließlich dem kaiserlichen Palast und seinen Bewohnern vorbehalten. Der Kaiser ließ ihn sich wohl schmecken. Mit fünf Drachmen (ca. 17g) Pilz wurde eine Ente gefüllt und langsam über dem Feuer geröstet. Danach wurde der Pilz aus der Ente entfernt und das Fleisch der Ente zehn Tage lang zweimal täglich verzehrt. Im 18. und 19. Jahrhundert wurde der Pilz sowohl als Gegengift für Opiumvergiftungen verschrieben als auch, um vom Opiumessen loszukommen.

Sein ungewöhnliches Aussehen verdankt er seinem extravaganten Lebenszyklus. Er befällt die unterirdisch lebenden Larven der Wurzelbohrer (*Hepialus spp.*), durchwuchert sie mit seinem Wurzelgeflecht und verdaut ihren Körper. Zuletzt bleibt nur noch die äußere mumifizierte Hülle der Larve übrig. Aus dem früheren Kopfende, der mit Pilzgeflecht durchzogenen Raupe, wachsen im Spätherbst und Winter die Fruchtkörper. Deswegen wird er von den Chinesen auch jahreszeitlich verschieden betrachtet: im Sommer ist er eine Pflanze und im Winter ein Tier, eben 'Sommer-Pflanze, Winter-Wurm'. Dies ist die Bedeutung des tibetischen Namens: Yartsa Gunbu.

Die aus der Erde ragenden Fruchtkörper werden gesammelt und als Medizin verwendet. Daher ist der Wildbestand leider sehr reduziert worden. Glücklicherweise lässt sich das Mycel (Pilzgeflecht) auch in geeigneten Kulturmedien züchten, daher muss nicht mehr auf den natürlich vorkommenden Pilz zurückgegriffen werden.

Der Raupenpilz erfreut sich in China schon lange großer Beliebtheit. Auch hier im Westen gewinnt er langsam an Bedeutung. Pharmakologische Studien belegen folgende Wirkungen auf die Gesundheit:

- Er fördert die Regeneration und Entspannung des glatten Muskelgewebes.
- Er wirkt gegen Unregelmäßigkeiten der Herztätigkeit.
- Er erhöht die Ausdauer. Das beruht wahrscheinlich auf der Steigerung der Bildung von roten Blutkörperchen. Außerdem senkt er die Blutgerinnung. Ebenso verringert er die Beschwerden von Asthmatikern.
- Er stimuliert das Immunsystem (steigert die Aktivität der Leukocyten, Makrophagen und der natürlichen Killerzellen) und wirkt krebshemmend.
- Er erhöht die sexuelle Aktivität bei Personen mit sexueller Unterfunktion, wobei bei Männern auch die Spermienproduktion gesteigert wird.
- Er hemmt die Ausbildung von stressbedingten Magengeschwüren, denn er beruhigt die Seele, nicht den Körper - heilt so den Körper. Sonst würde er nicht gegen ausgesprochen heftige Müdigkeit eingesetzt werden.
- Er verbessert die Leberfunktion.
- Und stärkt laut TCM grundsätzlich die Lebensenergie: Qi.

Um sich von Trainingsanstrengungen schneller zu erholen und ihre Leistungen bei Wettkämpfen zu erhöhen, nehmen Mitglieder des chinesischen olympischen Teams Raupenpilzpräparate. Die positive Wirkung des Raupenpilzes auf die Atmungsorgane und das Herz sind wahrscheinlich für die gesteigerte Ausdauer und Leistung der Sportler verantwortlich.

Außerdem wird er traditionell bei Blutarmut, bei Lenden- und Knieschmerzen, chronischem Husten und natürlich zur Rekonvaleszenz und zur Stärkung der Vitalität eingesetzt.

Übrigens wird er auch zur Schärfung des Geistes empfohlen. Sie sehen, es ist ein Pilz für Geist und Körper.

Das Schlusswort hat ein lateinisches Sprichwort:
»Mens sana in corpore sano.«
»Ein gesunder Geist wohnt in einem gesunden Körper.«

Verwendung

- pulverisiertes Mycel
- Trockenextrakt

Im Allgemeinen werden drei bis neun Gramm Mycel oder ein Gramm Extrakt zweimal täglich empfohlen.

Für Sportler und Freizeitathleten gibt es Produkte, die neben dem chinesischen Raupenpilz, auch den Reishi sowie lebenswichtige Mineralien und Vitamine enthalten. Man nimmt an, dass diese Kombination die Immunstabilität und die Stressresistenz erhöht und die Regenerationsphasen unterstützt.

Gegen Blutarmut und Impotenz existiert ein saftigeres, chinesisches Rezept. Man schmort mit Hühnchen oder Schweinefleisch sowie gern gemochten Gemüsen 25 bis 50 g Raupenpilz. Den Eintopf sollte man einige Zeit lang zweimal täglich gustieren.

Verbreitung

Außerhalb der Bioreaktoren ist er in den alpinen Graslandschaften Südwestchinas, in der Provinz Yunnan, in Mittel- und Nordchina und in Tibet heimisch.

Damiana

Turnera aphrodisiaca

»Damiana, indianisch und heilig,
Streichelt mir das Becken –
Ganz indianisch und heilig.«

'Joints for Sex'

Damiana, ein kleinblättriger Busch mit gelben Blüten und großem Ruf. Er erschallte in Amerika so laut, dass selbst Indianerstämme, die im Norden lebten, sich über Tauschhandel mit diesem Kraut aus Südkalifornien eindeckten. Schon im alten Mexiko war es eine heilige Pflanze. Durch einen Wink des Schicksals wurde sie im 17. Jahrhundert vom Missionar Juan Mariá de Salvatierra auf den Namen Damiana getauft. Der Namenspate Damian war ein heilender Missionar, der 303 n. Chr. unter dem römischen Kaiser Diokletian der Legende nach verschiedenste Todesarten wie Ertrinken, Verbrennen und Kreuzigen überlebte. Erst das Enthaupten führte zur gewünschten Vollstreckung des Todesurteils. Das brachte ihm kurz darauf den Ruf eines Heiligen und Märtyrers ein. Dieser kleine Busch, der nach einem fast unverwüstlichen Heiligen benannt ist, ist selbst extrem widerstandsfähig, besonders großer Trockenheit gegenüber.

Und dieser behaarliche Busch wurde Teil der Coca-Cola-Geschichte: Der korsische Chemiker Angelo Mariani entwickelte einen süßen Wein, Vin Tonique Mariani, der Damiana und vor allem Coca-Extrakt als Ersatz für Opium enthielt.

Der süße, beflügelnde Wein wurde in intellektuellen Kreisen sehr beliebt und Persönlichkeiten wie Queen Victoria, Thomas Edison, Émile Zola, Papst Leo XIII. und Papst Pius X. waren ihm zugetan.

Dieser Wein wurde auch nach Amerika exportiert. Dort entdeckte ihn der Chemiker Pemberton, der nach einer Verletzung im amerikanischen Bürgerkrieg morphiumsüchtig war. Er änderte die Rezeptur und kreierte Pemberton's French Wine. Dieser bestand aus Cocablätter-, Kolanuss- und Damiana-Extrakt.

Auf Grund einer Gesetzesänderung, die den Alkoholhandel

erschwerte, entwarf er 1886 zusätzlich ein nicht alkoholisches Getränk namens Coca-Cola. Coca steht für die Kokablätter und Cola für die Kolanuss. Zuerst wurde es in Apotheken vertrieben, unter anderem um Morphium- und Opiumabhängigkeit zu kurieren und um gegen Kopfschmerzen sowie Depressionen zu helfen. Ein Glas Coca-Cola enthielt anfangs 8,46 mg Kokain.
Ab 1902 wurde nur noch der nicht-alkaloide Extraktanteil der Cocablätter verwendet - und damit kein Kokain mehr.

Doch nun von Kokain und Kolanüssen zurück zu Damiana. Dieses Kraut erhielt auf Grund seiner Fähigkeiten die unterschiedlichsten Namen:

- 'Mish kok' (Asthmabesen) - so bezeichnen ihn die Mayas.
  Sie nutzen seinen Tee und auch Rauch, um Asthma wegzufegen. Ebenso kehren sie mit Damiana Husten und Erkältungen aus.
- 'Rompe Camisa Macho' (Die dem Mann das Hemd auszieht) verweist auf die aphrodisische Eigenschaft.
  Es wird bei Impotenz (15 bis 30 Tropfen vom Blätterextrakt der Urtinktur mindestens zehn Tag lang eingenommen - nach W.H. Myers) sowie bei vorzeitigem Samenerguss eingesetzt. Auch leichte Frigidität lässt sich mit ihm auflösen.
- Damiana ist ein erfrischendes, wärmendes und erregendes Kraut. Es tonisiert Geist und nicht minder den Körper gleichermaßen. Damianatee ist bei Stress, Konzentrationsstörungen und Lernblockaden ein würziger Auflockerer.
  Weiters befreit er von Kopfschmerzen - wobei häufig der Absuddunst eingeatmet wird, anstatt den Tee zu trinken.
- Die kleinen Blätter des Damiana sind außerdem stimmungsaufhellend und nervenberuhigend. Daher wird Damiana auch bei nervöser Erschöpfung, Schwäche- oder Angstzuständen und in der Rekonvaleszenz verwendet.
- Der Hormonstoffwechsel wird ins Gleichgewicht gebracht. Damiana findet auch bei typischen Frauenleiden Verwendung: schmerzhafte Menstruation (Damiana entkrampft), Probleme in den Wechseljahren und Scheidenausfluss.
- Bei Harnwegsinfekten kann es durch Stärkung des Urogenitaltraktes und Aktivierung der Nieren Erleichterung verschaffen.

- Damit nun auch wirklich jeder Mensch einen Grund hat, dem Damianatee zu frönen:
  Er hilft bei Appetitlosigkeit und ist verdauungsfördernd.

Verwendung
- Tee
- Rauchen und Räucherung
- Likör

Verbreitung
Die kleine, widerstandsfähige Pflanze siedelt in trockenen, sandigen oder felsigen Gegenden im Norden Südamerikas, in Mittelamerika und in Namibia.

Engelwurz - Bad Schallerbach

Engelwurz - Balaton

Engelwurz

Angelica archangelica

»Sie besitzt so viele Tugenden, dass man sie, wäre sie exotisch, beim Import mit Gold aufwiegen würde. Was man jedoch in Reichweite hat, wird meist nicht geachtet.«

Maurice Mességué

»Umb seiner fürträffentlichen Krafft und Tugent willen, als wenn der Heilige Geist oder die lieben Engel dem menschlichen Geschlechte dieses Gewächs und heylsame Wurtzel geoffenbaret hätten.«

Fuchs Kreuterbuch 1543

Diese mächtige, mannshohe Pflanze trägt grünlich- oder gelblichweiße, süß duftende Doldenblüten. Ihre ausladenden Blätter sowie ihre Üppigkeit lassen einen glauben, sie keimte schon in Urwäldern, die durchstreift wurden von seltsamen, echsenartigen Tieren.

Diese robuste, der Kühle nicht abgeneigte Pflanze, wanderte aus dem hohen Norden zu uns. Schriftliche Aufzeichnungen über ihre früheste Verwendung stammen aus Island und Grönland. Im 10. Jahrhundert wurde die Engelwurz von den Wikingern in Mitteleuropa eingeführt. Dies zeigt das alles seine guten Seiten hat, selbst die Wikingereinfälle.

Mittels Engels- und Heiligenerscheinungen, die sie als heilbringend priesen, schaffte sie sich im Mittelalter einen exzellenten Leumund. Deswegen traf man sie damals auch häufig in Klostergärten an. Im Endeffekt verdankte sie es jedoch ihrer Heil- und Genesungskraft, dass sie im 15. Jahrhundert als das wichtigste aller Heilkräuter eingestuft wurde. Nebenbei war sie noch ein gutes Mittel gegen Verzauberung und Hexerei. Jedoch half sie einem auch geliebt zu werden.

Ihre Heiligkeit wird durch zwei umschließende Blätter betont, die betenden Händen gleich - achtsam die junge Blüte in die Welt entlassen. Einerseits kommt hierbei die Dreifaltigkeit Gottes zum Ausdruck (zwei Blätter, eine Blüte), andererseits kann die werdende Blüte als Heiliger Geist gedeutet werden, der durch Gottes grüne Hände in die Welt geschickt wird. 'Heilige-Geist-Wurzel' wird sie daher auch gerufen und als ob das nicht genug wäre, lautet ihr wissenschaftlicher Name übersetzt 'Engel Erzengel'.

Zu Zeiten als die Pestsäulen üppig sprossen und viele Menschen durch den schwarzen Tod ihr Leben ließen, kauten Ärzte Engelwurz und bestreuten mit ihr und anderen Kräuterpulvern die Kleidung, um der 'Geißel Gottes' zu entgehen.

Die Engelwurz kann einem aber auch anders das Leben erhalten. Ihre Blätter finden als Gemüse Verwendung. Die jungen Stiele können kandiert oder getrocknet werden und eignen sich danach hervorragend für die süßen Seiten der Küche. Wer an einem Cointreau-Likör schnuppert, dem steigt das feine Aroma der engelshaften Wurzel entgegen.

Wenden wir uns nun ihren nicht umsonst gelobten Fähigkeiten und Eigenschaften zu:

- Sie ist eine stark tonisierende Pflanze, macht die Muskeln geschmeidig und unterstützt die Herztätigkeit. Bäder mit ihr werden Rekonvaleszenten, Nervösen, Erschöpften, Übermüdeten und auch Sportlern am Vorabend eines Wettkampfes angeraten.
  Doch Vorsicht, man sollte nicht länger als drei Minuten in ihrem Absud (250 g Wurzeln pro Wanne, zehn Minuten ziehen lassen) baden und auch nichts davon in die Augen bringen.

- Ihr ätherisches Öl verströmt einen pheromonähnlichen Duft. Dieser begegnet uns häufig in Herrenparfums. Dafür, dass ein Parfum lockt und interessiert, sorgen eben die Sexualduftstoffe, die Pheromone - und seien sie noch so pflanzlich.

- Bei Bronchitis, Katarrhen und Grippen steht sie einem gut bei. Sie treibt den Schweiß, stählt die Schleimhäute der Bronchien und der Lunge und wärmt den Menschen von innen heraus.

- Mit ihrer blutreinigenden Eigenschaft verbessert sie das Hautbild. Aber ihre frischen Blätter helfen auch der Wundvernarbung. Ein Absud ihrer Wurzel fördert die Geweberegeneration schlecht heilender Verletzungen.

- Ihr Öl wird gerne bei Neuralgien, Rheuma, Gelenkserkrankungen und Hautentzündungen äußerlich verwendet.

- Wer mit der Verdauung zu schaffen hat, kann getrost zur Engelwurz greifen. Sie lindert Magenschmerzen, fördert die

Gallensekretion, bekämpft Schluckauf und krampfhaftes Erbrechen. Ebenso lindert sie Magengeschwüre.
- Welche Frau auch immer in der Regel Schmerzen hat, kann sich auf ihren Tee verlassen. Doch aufgepasst, während der Schwangerschaft Finger weg von der Engelwurz. Dass sie in der Geburtshilfe angewendet wird, widerspricht dem nicht, da hier ja gewollt ein Ende der Schwangerschaft stattfindet.

In der ayurvedischen Medizin werden verschiedene indische Engelwurzarten, zusammengefasst als 'Choraka' bezeichnet, als Frauentonikum genutzt.

Nun jede Pflanze hat ihre Schattenseite - sogar ihre Heiligkeit, die strahlende Angelika. Bei häufigem Gebrauch und Verzehr empfiehlt es sich wörtlich im Schatten zu bleiben. Die Furocumarine in der Engelwurz machen die Haut mit der Zeit sehr lichtempfindlich.

Verwendung

- Bäder
- Tee
- Likör (unbedingt Véspetro probieren)
- Öl

Verbreitung

Sie erwartet uns an Bachrändern, feuchten Wiesen und Auwäldern mit ihren einladenden Blüten und dem betörenden Duft. Am sichersten ist es, sie nicht 'wild' zu sammeln, sondern die Angelikawurz käuflich zu erwerben und dann im eigenen Garten anzupflanzen. In freier 'Pflanzenbahn' ist eine Verwechslung mit giftigen Doldenblütlern möglich.

Ein Rezept für Naschkatzen, die keine Mühe scheuen.

Engelslutscher

360 g frische Engelwurzstiele - ½ l Wasser - 400 g Zucker -
Puderzucker zum Drüberstreuen
Die Stiele werden in zehn bis zwölf Zentimeter lange Stückchen geschnitten. Diese werden dann drei Minuten blanchiert und in kaltem Wasser abgeschreckt. Sodann lässt man sie gut abtropfen.

Danach reiht man sie in einer flachen, hitzebeständigen Auflaufform. Jetzt vermengt man den Zucker mit dem Wasser und bringt es zum Köcheln. Erst wenn ein eingetauchter Löffel gänzlich mit dem Sirup überzogen ist, ohne dass dieser dabei erstarrt, wird der Sirup über die Angelikastückchen gegossen. Diese sollen von ihm ganz und gar bedeckt werden. Nach dem Abkühlen wird die Auflaufform in den Kühlschrank gestellt.

Am nächsten Tag werden Angelikastängel und Sirup in einen Topf gegeben und fünf Minuten köcheln gelassen. Dann wird alles wieder in die Auflaufform gegeben und wieder einen Tag im Kühlschrank stehen gelassen. Dies macht man insgesamt drei Mal.

Hernach werden die Engelwurzstängel wieder mit dem Sirup erhitzt - doch diesmal bis der Sirup ca. 110° C heiß ist. Dies ist dann der Fall, wenn ein abgekühlter Tropfen Sirup zwischen den Fingern zu einer weichen Kugel gerollt werden kann.

Jetzt werden die Stängelstücke mit einem Schaumlöffel herausgehoben und auf ein Abtropfgitter gelegt. Die zuckersüßen Stäbchen werden noch mit Puderzucker berieselt und einen Tag lang an der Luft getrocknet.

Die kandierten 'Engelslutscher' werden in einer Dose aufbewahrt.

Engelwurz
Botanischer Garten München

Ginseng

Panax ginseng

»Ginseng stärkt die fünf vollen Organe (Herz, Milz, Lunge, Niere, Leber), beruhigt die Lebensgeister, harmonisiert die Seele, beseitigt Ängste, vertreibt die bösen Kräfte, lässt die Augen erstrahlen, öffnet das Gemüt, klärt unsere Gedanken und, so er lange genommen wird, kräftigt er den Körper und verlängert so das Leben.«

Sheng Nong (einer der frühesten Kräuterheilkundigen Chinas)

Ginseng wird in China 'ren shen' gerufen. Das bedeute übersetzt ungefähr: Wurzel des Menschen oder Wurzel in der Gestalt eines Menschen, je nach Auslegung. Und wirklich, die Ginsengwurzel hat, genauso wie die der Alraune, oft Ähnlichkeit mit einer menschlichen Gestalt. Der Ginseng ist in der chinesischen Märchenwelt ein kleines Kind mit roter Haut oder ein Junge mit rotem Gürtel. Dieser Junge trägt auch des Öfteren eine rote Haube, ist aber eindeutig nicht mit unserem europäischen Rotkäppchen verwandt oder verschwägert.

Früher hatten nur der 'Sohn des Himmels' (vulgo Kaiser) und seine Familie Anrecht auf dieses vorzügliche Heilmittel. In Ausnahmefällen durften hohe zivile oder militärische Beamte auch in den Genuss dieser Pflanze kommen.

Sogar der wissenschaftliche Name des Ginsengs verkündet größtes Lob. Panax leitet sich vom griechische Wort *panakés* ab. Dieses setzt sich aus der Vorsilbe *pan*, die 'alles' bedeutet, und dem Zusatz *akos*, der für 'Heilmittel' steht zusammen.

Die wertvollsten Ginsengwurzeln sind alte, wildgewachsene, menschenähnliche Wurzeln, die am besten noch aus der Mandschurei stammen. Auch Ginseng aus Korea steht hoch im Kurs.

Welche Vorzüge bietet uns diese altehrwürdige Wurzel?
- Ginseng ist laut der traditionellen chinesischen Medizin (TCM) ein Tonikum für alle fünf Funktionskreise. Das bedeutet, dass er das 'Qi', die Lebensenergie, stärkt.

- Generell wird im Anschluss an viele Rezepturen der TCM bemerkt: Sollte keine Wirkung eintreten, so füge man Ginseng hinzu. Dieses Vertrauen in den Ginseng ist berechtigt. Er harmonisiert Yin und Yang und kann damit Rezepturen noch mehr Wirksamkeit verleihen, als sie ohnehin schon haben.
- Was man bei uns als Aphrodisiakum bezeichnet, ist in China ein 'Lenzmittel' oder 'Medizin für Yin und Yang'. Diese werden vorbeugend - das Übel ja nicht aufkeimen lassen – eingenommen. Auch in diesen Rezepturen begegnet man dem Ginseng gerne immer wieder. Denn Ginseng kurbelt die Sekretion von männlichen und weiblichen Sexualhormonen an.
- Er ist eine tonisierende, belebende Pflanze, die gleichzeitig beruhigt und in die Mitte bringt.
- Er macht den Körper widerstandsfähiger und hilft daher bei Abgeschlagenheit, Herzschwäche, Asthma, Nervenschwäche, Herzklopfen, Schweißausbrüchen, Appetitlosigkeit, Impotenz, Übelkeit und Erbrechen - besonders wenn diese Symptome durch eine langwierige Erkrankung verursacht wurden.
- Um ein Stärkungsmittel zu erhalten, wird Ginseng häufig mit Süßholzwurzel, glänzendem Lackporling, Ingwer und Rehmannia kombiniert.
- Der Blutzuckerspiegel als auch der des Cholesterins werden von ihm gesenkt.
- Seine 'Qi'-Stärkung ist so stark, dass er nicht an Kinder verabreicht werden soll, da diese mit ihrer übersprudelnden Lebensenergie der Kräftigung eben dieser nicht bedürfen.

Verwendung

- Tee
- Tinktur
- Wurzelpulver (Tagesdosis zwischen 1,5 und 9 g)

Verbreitung

Seine Heimat sind die Bergwälder Nordostchinas. Dort streckt er sich mehrere Jahre lang fast einen Meter in die Luft und einen Dreiviertelmeter in die Breite. Im Frühling und Sommer trägt er

Dolden mit gelb-grünen Blüten, die sich Richtung Herbst in rote Beeren verwandeln. Seine Wurzel ähnelt der einer Petersilie oder auch der Alraune. Das hängt davon ab, wie sie gewachsen ist.
Heutzutage ist er in den freien Wäldern und Wiesen gefährdet, aber in Korea, China, Russland und den USA wird er unter menschlicher Aufsicht kultiviert.

Ginseng queifolium

Glänzender Lackporling

Ganoderma lucidum

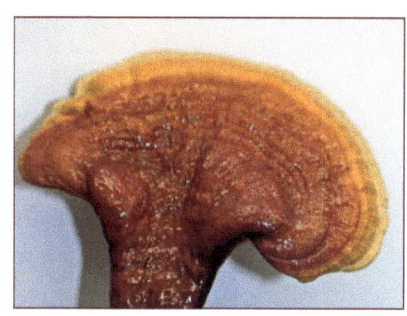

Reishi, wie ihn die Japaner nennen, oder Ling Zhi, wie die Chinesen ihn rufen, ist dermaßen gesundheitsfördernd, dass ich auch auf andere Bücher verweisen möchte, die ihm mehr Platz einräumen oder ausschließlich von ihm handeln (z.B. Terry Willard, 'Reishi - der Wunderpilz der alten Chinesen').
In der Kürze liegt die Würze:
Daher folgt ein kurzer Abriss seiner Eigenschaften.

- Er stärkt die Körperabwehrkräfte, da er die Interferonproduktion ankurbelt, den IgG-Spiegel erhöht und das immunologische Gedächtnis der T-Zellen verlängert. Seine Einnahme gemeinsam mit Vitamin C steigert diese Effekte. Auch vergrößert er die Zahl der natürlichen Killerzellen. Er wird auch bei Krebstherapien unterstützend eingesetzt. In Japan wird er offizinell als Heilpflanze gegen Krebs geführt. Zu seinem Wirkungsspektrum gesellte sich in letzter Zeit auch noch eine belegte Anti-HIV-Wirkung neben seinen anderen antiviralen Eigenschaften.
- Er senkt die Blutfettwerte, den Blutdruck und die Blutplättchenaggregation. Andererseits fördert er die Blutbildung über eine Aktivierung des Knochenmarks. Bei Sauerstoffmangel unterstützt er den Herzstoffwechsel.
- Er ist schmerzstillend und beruhigend.
- Er lindert Allergien (verhindert die Freisetzung von Histamin und wirkt entzündungshemmend) und hilft bei chronischer Bronchitis sowie der Regeneration des Lungengewebes.
- Er ist ein Antioxidans, schützt vor Strahlungsschäden und ist entzündungshemmend.

- Er hilft bei Lebernekrose und Hepatitis und fördert die Leberregeneration.
- Er lindert Schlaflosigkeit und beruhigt das zentrale Nervensystem.
- Durch Stress ausgelöste Anspannungen und auch Muskelschwund können mit ihm behandelt werden. Er entspannt die Muskeln und - Kaffeetrinker aufgepasst – verringert die Wirkung von Koffein.
- Seine Antioxidanswirkung ist bei erhöhtem Sauerstoffverbrauch sehr nützlich (O_2 ist ein sehr starkes Radikal). Da er Schlaflosigkeit lindert und das Nervensystem beruhigt, ist er in Stresssituationen äußerst hilfreich. Außerdem macht Stress uns krankheitsanfälliger und auch hier schreitet er mit seinen Immunstimulanzien ein.
- Last but not least: Reishi reichert Sauerstoff im Blut an. Die chinesische Zentralregierung nutzte dies schamlos aus. 'Arbeiter aus China, die in das Hochland Tibets geschickt werden, bekommen Ganoderma-Tabletten, um die Auswirkung der Höhenkrankheit zu lindern.' (Willard, T.) Dieser Entschluss basiert auf den Ergebnissen einer Studie der chinesischen Akademie für Militärmedizin über akute Symptome von Höhenkrankheit.

Da seine Wirkung fast schon sagenhaft ist, noch eine kleine Geschichte, die das mystische seines Seins unterstreicht:
'Ein reicher chinesischer Adeliger und seine Tochter waren verschiedener Ansicht über die Zukunft. Er wollte, dass sie einen ebenfalls reichen und abstammungsebenbürtigen jungen Mann heirate. Die Sache hatten die Väter beider schon geregelt. Doch sie wollte den ausgesprochen hübschen Jungen vom Nebendorf haben. Daher floh sie in die Wildnis. Der Vater hatte lieber keine als eine unehrenhafte Tochter. Er schickte ihr seine Leibwächter nach, mit dem Auftrag sie zu töten.
Das Mädchen sah ihr Schicksal nahen und vergiftete sich selbst. Die Halbtote wurde von den Wächtern gefunden, die sich glücklich schätzten nicht selbst töten zu müssen und daher erleichtert zu ihrem Herren zurückkehrten. Der hübsche Junge aus dem Nebendorf fand seine Geliebte und trug sie zu einem buddhistischen

Tempel. Er wollte, dass die Mönche sie wieder zum Leben erweckten. Diese erklärten ihm die Unmöglichkeit seines Ansinnens. Doch die Liebe des Burschen dauerte sie. Sie gaben ihm auf, innerhalb eines Tages einen alten, in einer Höhle gelegenen Ling Zhi herbeizubringen. Kaum erreichte der Junge die Höhle, wurde ihm klar, warum die Mönche ihn so zögerlich um diese Wunderarznei geschickt hatten. Eine Giftschlange und ein Tiger bewachten in trauter Zweisamkeit die Höhle.
Spitzfindig überlistete er die Tiere (Verfolgungsjagden spielten dabei eine große Rolle), stahl den Ling Zhi und kehrte zu seiner Angebeteten zurück.
Ein kleiner Bissen ließ die Wangen des Mädchens erröten. Gemeinsam verspeiste das Liebespaar dann noch den Rest des Pilzes. Sie wurden danach wegen ihrer geistigen Kräfte sehr geschätzt, lebten mehrere hundert Jahre, blieben aber immer im Schutz der Wildnis. Es hätte ja noch nachtragende lebende Verwandte geben können.'

Verwendung

- Tee
- Trockenextrakt

Verbreitung

Nur seine Verwandten wachsen in unseren Wälder, jedoch nicht er selbst.
In unseren Breiten findet er sich nur kultiviert. Übrigens, wenn sie einen Garten mit altem Baumstumpf haben, können Sie Reishi selbst züchten, denn er ist ein Holzpilz. 'Das ist ja ein Holzschwamm!', ist ein beliebter Kommentar, wenn Heilkräuterliebhaber zum ersten Mal diesen sagenumwobenen Pilz zu Gesicht bekommen. Sicher ist er ein Holzschwamm, aber was für einer. Den Namen glänzender Lackporling trägt er zu Recht. Sein Stiel glänzt in sattem Braunrot. Der Fruchtstand bildet einen schön gezeichneten Schirm, an dessen Unterseite schwarze Sporen für die Verbreitung des Pilzes sorgen.
Diese Sporen, sowie der Rest des Pilzes, schmecken bitter, wirklich bitter. Daher nehme ich persönlich von der allgemeinen Empfehlung Abstand, ihn als 'Gewürz' den Speisen beizumengen. Außer

vielleicht bei einem Ganserlbraten erprobten Beifußesser, stößt diese Würze auf geringe Gegenliebe.

Trotz allem findet sich in Folge eine Suppe für Kranke, Schwache und alle, die es nicht werden wollen.

WeiQi-Suppe

5 bis 7 Zweiglein chinesischer Tragant (Astragalus membranaceus)
1 mittlerer glänzender Lackporling - 2 bis 3 Stk. Shitakii
½ Tasse Azuki-Bohnen - ½ Tasse Gerste (Graupen)
1 Tasse Wildgemüse wie Brennesssel, Löwenzahnwurzel
  oder Knoblauchrauke
1 Streifen Kombu (Alge) - 1 Stückchen Sellerie
2 bis 3 Schwarzwurzeln und Karotten - 2 Zehen Knoblauch
1 Zwiebel - Ingwer, Fenchel - Miso

Zuerst werden die Pilze mit den Bohnen gemeinsam mit zwei Litern Wasser zum Kochen gebracht. Daraufhin lässt man alles zwanzig Minuten köcheln. Jetzt wird die Gerste, das restliche Gemüse, der zerkleinerte Knoblauch und die geschnittene Zwiebel, sowie die Alge zugegeben. Dann simmert alles weiter bis das Gemüse gar ist. Gewürzt wird mit Ingwer und Fenchel, ebenso wie mit dem im Wasser aufgelösten Miso, das erst nach Beendigung des Kochens in die Suppe gerührt wird.

Von dieser Suppe bereitet man genug für einige Tage zu und lagert sie im Kühlschrank. Man kann entweder nur den warmen Sud trinken - drei bis vier Tassen täglich - , falls einem das Essen schwer fällt, oder ein bis zwei Schalen Pilztopf täglich. Das ist die Dosierung für Erkrankungen. Als Tonikum lässt man sie sich ein bis zweimal pro Woche schmecken.

Grüner Tee

Camellia sinensis

*»Die besten Blätter des Tees müssen gefaltet sein
wie der lederne Stiefel der tartarischen Reiter,
sich kräuseln wie die Wamme eines mächtigen Büffels,
leuchten wie ein vom Zephirhauch bewegter See,
einen Duft entfalten wie die aufsteigenden Nebel aus einer einsamen Bergschlucht
und saftig sein und weich wie die von feinem Regen erfrischte Erde...«*
Aus Lu-Yüns dreibändigem Werk über
'diesen Schaum aus flüssiger Jade'

Dieses magische Getränk, um das Zeremonien entstanden, hat – wie könnte es anders sein – göttlichen Ursprung. Bodhidharma, der indische Königssohn, der den Buddhismus ins Leben rief, meditierte der Erleuchtung willen. Doch sein Wille war nicht stark genug, um dem Körper Wachheit zu gebieten. Er nickte immer wieder ein. Erbost darüber – ähnlich unseren christlichen Heiligen, die auch des öfteren Selbstverstümmelungen nachgingen – schnitt er sich die Augenlider ab. Sie fielen zu Boden. Und da sie göttlichen Ursprungs waren, verwurzelten sie sich in der Erde. Kleine grüne Blätter trieben aus ihnen. Bodhidharma kostete eines. Sofort verspürte er eine Frische, die ihn mit Heiterkeit und Kraft erfüllte. Das war die Geburtsstunde des Tees.

In China nutzen 'den Schaum aus flüssiger Jade' taoistische und buddhistische Mönche zur Vertiefung der Meditation und zur sexuellen Stimulation. Um 800 n. Chr. erreichten erstmals getrocknete Blätter Japan. Bald wurde er dort 'kostbarer Tau' gerufen und als wunderwirkendes Verjüngungs- und Potenzmittel gefeiert. Okakura Kakuzō, ein japanischer Kulturphilosoph (1862 - 1913 n. Chr.), pflegte zu sagen: 'Medizin war der Tee zuerst. Getränk wurde er danach.'

Laut des teekundigen Clowns Lu-Yün sollte man den Tee in blauem Geschirr servieren und zu besonderen Momenten trinken, die da wären: wenn es leise regnet, ... wenn die Kinder in der Schule sind, ... im Bambushain am Frühlingsabend, ... bei Vollmond, ... mit netten Freunden und schönen Liebchen.

Wenden wir uns jedoch nun seinen profanen gesundheitlichen Vorteilen zu:

- Viele Teetrinker werden bestätigen können, dass er nicht nur den Durst löscht, sondern Müdigkeit bekämpft, den Geist belebt, die Sinne schärft und ein Gefühl des Wohlbehagens nach sich zieht.

- Obwohl er anregend ist, entspannt er trotzdem Geist und Körper. Dies fördert Behagen und Zufriedenheit und ist einem unangenehmen Stressgefühl, sowie der Niedergeschlagenheit abträglich. Bedenken Sie, Stress ist das häufigste Anaphrodisiakum in unserem Kulturkreis.

- Diese entzückende Flüssigkeit beschleunigt den Stoffwechsel, regt die Atmung und den Blutkreislauf an und begünstigt die Sauerstoffaufnahme. Der tägliche Genuss dieses Tees über einen Zeitraum von mindestens zehn Wochen erhöht die Ausdauer um ca. 24 %.

- Mit diesem Getränk wird die Widerstandskraft des Körpers gestählt und bei Krankheit die Genesung vorangetrieben. Er fördert die Entgiftung von Leber und Körper. Da die Urinausscheidung ebenfalls gesteigert wird, beugt er Nierensteinen und -beschwerden vor. Ebenso ist er hautreinigend.

- Er verbessert auch die Verdauung.

- Die Muskulatur hilft er zu kräftigen und lindert Beschwerden in Gliedern und Gelenken.

- Bei Kopfschmerzen und Erkältungen kann er gute Dienste leisten.

- Jedoch sein großes Plus ist eine grundsätzliche Verbesserung des Allgemeinzustandes, sei es in physischer oder psychischer Hinsicht.

Nun bleibt mir nur noch anzumerken, um von diesem süffigen Elixier zu profitieren, sollte man mit ihm auch wirklich täglich und für längere Zeit seinen Durst löschen und ebenfalls Wert auf eine schonende Zubereitung legen.

Verwendung
- Tee
- Extrakte

Zubereitung

Grüner Tee wird aus der gleichen Pflanze wie der sogenannte schwarze Tee gewonnen, lediglich die Bearbeitung der Blätter ist eine sanftere. Die geernteten Blätter und Knospen werden mit Dampf oder trockener Hitze behandelt, damit die in ihnen enthaltenen Enzyme ihre Wirkung verlieren und keine Abbauprozesse stattfinden. Danach werden sie gerollt, getrocknet und sortiert. Schwarzer oder roter Tee, wie die Chinesen ihn bezeichnen, wird hingegen fermentiert.

Das Werden des grünen Tees in der Kanne erfordert Aufmerksamkeit. Das heiße Wasser, mit dem er überbrüht wird, darf keinesfalls kochen, sondern sollte eine Temperatur zwischen 70 und 80° C haben. Um das zu erreichen, kann man kurz aufgekochtes Wasser 15 bis 20 Minuten abkühlen lassen und dann verwenden.

Im alten China gab es Straßenverkäufer für heißes Wasser. Es war damals sicher kein Problem an genügend wohl temperiertes heißes Wasser zu gelangen.

Übrigens kann man grünen Tee des öfteren übergießen, wobei zu beachten ist, dass der erste Aufguss nur eineinhalb Minuten ziehen darf, der zweite zweieinhalb Minuten der dritte dreieinhalb Minuten und so weiter und sofort. Der fünfte Aufguss soll die schönste Farbe haben, über den Geschmack möchte ich mich nicht auslassen. Grundsätzlich ist der erste Aufguss der anregendste und die weiteren wirken beruhigender, da mehr Gerbstoffe gelöst werden und viel des Koffeins schon beim ersten Aufguss herausgelöst wurde.

Verbreitung

Der ungezähmte Teestrauch kann bis zu neun Meter hoch werden. Um den Pflückerinnen das Leben zu erleichtern, wird er durch Schnitt auf ein bis eineinhalb Meter Höhe gehalten.

Der Mensch schätzt seine ledrigen, leicht gezähnten Blätter mehr als die weißen, zartrosa Blüten, die sich ob ihrer Schönheit nicht zu verstecken brauchen.

Der Teestrauch lebt in tropischen und subtropischen Ländern, wie Kenia, Uganda, Argentinien, Türkei, Nordostindien, Indonesien, Sri Lanka, Südchina und Burma und wird dort auch kultiviert.

Guaraná

Paullinia cupana

Die Indianer Südamerikas kennen diese unauffällige Liane seit Jahrtausenden. Ihre Früchte hingegen gleichen schwarzen Augen die aus einem roten Lid (Fruchtschale) in die Welt hinaus schauen. Wie die Liane sich um das Holz rankt, so ranken sich um sie magische und mythische Geschichten.
Eine davon ist folgende:

Ein glückliches Ehepaar des Maué-Stammes hatte ein Bild von einem Sohn. Seine Lebenslust, seine Aufgewecktheit und auch seine Schönheit begeisterten jeden im Dorf. Alle hatten ein Auge auf ihn und sorgten sich um ihn. Doch er hatte einen Feind, Iurupari, einen bösen Geist. Dieser lauerte lange vergeblich im Dickicht des Waldes. Eines Tages überkam den Jungen die pure Abenteuerlust und er lief unbeobachtet in den Wald. Schnell handelte Iurupari. Er verwandelte sich in eine ungeheure Giftschlange, glitt dem Jungen nach und tötete ihn mit einem pfeilschnellen Biss.

Bald wurde sein Verschwinden bemerkt und die Leute strömten aus ihn zu suchen. Jedoch, es war zu spät. Sie konnten nur noch seinen Leichnam in das Dorf tragen. Die Trauer war groß. Während des Totenfestes zerriss ein feuriger Blitz die Erde, wobei ein Donnerkeil in das Fleisch der Mutter fuhr. Vor ihren Augen entfaltete sich eine göttliche Botschaft. Jemand sollte dem Jungen die Augen aus den Höhlen nehmen und in der Erde vergraben. Keiner der Dorfbewohner, selbst der Vater des Jungen, wollte dies tun. Nur die Mutter fand den Mut ihrem Kind die erloschenen Augen zu rauben und in der dunklen Erde zu vergraben.

Nur Tage später spross aus dem Boden eine Liane. Sie blühte unscheinbar, doch ihre Früchte leuchteten lebendig und sehend. Die erste Guaraná-Pflanze ward geboren.

Die Indianer ernten die Früchte, rösten die Samen und reiben sie. Ihr grobes Mehl wird mit Hilfe von Wasser zu einem Teig ('Pasta guaraná') verarbeitet. Dabei kann auch Kakao und Maniokmehl untergemischt werden. Danach werden Stäbe geformt und diese in der Sonne trocknen gelassen. Davon schabt man bei Bedarf etwas ab und gießt es mit heißem Wasser auf. Schon ist der aphrodisische Tee, der auch gegen Malaria und Durchfall von den Einheimischen verwendet wird, fertig.

In Europa lernte man Guaraná erst im 18. Jahrhundert kennen. Sie wurde zwar 1669 erstmals von einem jesuitischen Missionar beschrieben. Aber erst Alexander von Humbolt brachte sie nach Europa.

Neben ihrem heutigen Vorkommen in Energydrinks und Limonaden hat Guaraná noch andere Eigenschaften:

- Guaraná erhöht das Langzeitgedächtnis und schärft den Geist. Ratten haben nach einer Einmaleinnahme, aber auch nach längerer Gabe, eine erhöhte Merkfähigkeit sowie ein besseres körperliches Durchhaltevermögen unter Stress. Es wird vermutet, dass die gesteigerte Merkfähigkeit mit den essentiellen Ölen zusammenhängt, die in den Samen zu finden sind.
- In Brasilien gelten die Samen als tonisierend, nervenstärkend und kräftigend. Außerdem hat der Guaranátee eine leicht psychoaktive und aphrodisische Wirkung. Die Samen werden auch 'Früchte der Jugend' genannt.
- Guaraná hemmt die Blutgerinnung und unterstützt auch den Abbau von Plaque in Blutgefäßen. Andererseits steigert es den Glucosespiegel im Blut und wirkt herzstärkend sowie gefäßerweiternd.
- Noch dazu ist es ein Antioxidans, das die Oxidation von Lipiden (Fetten) verhindert.
- Auch die Kosmetikindustrie entdeckt langsam diese Pflanze. Sie wird bei Cellulitis, fettem Haar und auch als Zusatz bei Haarausfallmitteln genutzt. Dafür ist sowohl ihre zusammenziehende als auch tonisierende Wirkung ausschlaggebend.
- In der Alternativmedizin wird Guaraná hauptsächlich als Antidepressivum, Migränemittel und zur Konzentrations-förderung eingesetzt.
- Außerdem ist Guaraná ein fester Bestandteil unserer Leistungskultur geworden. Man möchte nicht meinen, in wie vielen Büros dieser Welt Guaranálimonaden der Kaffeetasse ihren

angestammten Platz streitig machen. Guaranin wird die koffeinähnliche Verbindung genannt, die bis zu 7% der Samen ausmacht. Guaranin wird langsamer aufgenommen und umgesetzt als Koffein, daher ist seine anregende Wirkung milder und länger anhaltend.

- Guaraná dämpft Hunger und Durstgefühl. Nicht nur das, sondern ebenso seine ausdauerfördernde Wirkung ist für seine Beliebtheit bei Tanzparties verantwortlich.

Damit bei Guaranáprodukten auch wirklich Natur enthalten ist, gilt es die Inhaltsstoffe genauer unter die Lupe zu nehmen. Viele Firmen verwenden nur sehr wenig Guaraná oder setzen nur das Guaranin zu. Werden unter den Inhaltsstoffen auch Theobromine und Theophylline geführt, dann wurde die ganze Pflanze verarbeitet.
Diese nützliche, anregende Liane hat auch einen manchmal 'unerwünschten' Nebeneffekt. Sie kann Schlaflosigkeit verursachen. Zwar nicht so stark wie Kaffee aber dennoch nicht zu ignorieren. Weiters sollten Menschen mit Bluthochdruck und Erkrankungen der Herzkranzgefäße diese Pflanze meiden.

Verwendung

- Tee (Samenabkochung)
- Tinktur
- Samenpulver in Tabletten oder Kapselform oder in Wasser oder Saft verrührt

Verbreitung

Die im Amazonasgebiet heimische Pflanze – seit 1970 wird sie kommerziell angebaut – kommt in Brasilien, Venezuela und Uruguay wild vor. Sie erreicht eine Höhe von bis zu zehn Metern. Ihre unscheinbaren gelben Blüten stehen in Ähren von ungefähr zehn Zentimetern. Sind die Früchte dann gereift, platzen sie und legen bis zu drei glänzende Samen frei.

Kalmus

Acorus calamus

»Kalmus und Blumen und Mai!
Man ruht doch einmal vom Frondienst!«
Johann Heinrich Voß, 'Die Leibeigenschaft'

Der Kalmus hat lange schon einen guten Ruf. Bereits 3700 v. Chr. im Kräuterbuch des chinesischen Kaisers Shinnong wurde er 'Ch'ang-Pu', der Lebensverlängerer, tituliert, aber auch als Aphrodisiakum geschätzt. Die alten Ägypter mischten das 'Heilige Rohr' (Kalmus) der berühmten Räuchermischung Kyphi, die die Pharaonen liebten, bei. Kriegerische Tartaren schleppten ihn bereits im 13. Jahrhundert in den Balkan ein. Sie sollen ihn zum Desinfizieren - besser gesagt, zum Aromatisieren - ihres Trinkwassers verwendet haben. Erst im 16. Jahrhundert wurde der Kalmus in Mitteleuropa heimisch. Es entstand bei den slawischen Völkern die Sitte, Kalmuspulver als Glücksbringer vor die Hauseingänge zu streuen. Später wurde es ebenfalls im Spreewald Brauch, zu Pfingsten Kalmus in kleine Stücke zu schneiden und in die Hausflure zu streuen. Die frisch duftenden Pflanzenschnipsel sollten den Gästen Gruß sein und Glück bringen. In Bayern werden Kalmusblätter während der Fronleichnamsprozessionen gestreut. Erstaunlicherweise sind etliche Indianerstämme Nordamerikas ebenso von seiner Kraft Unheil zu bannen, überzeugt. Dort, wie auch in 'Good Old Europe', ist er gleicherweise Bestandteil spiritueller Riten und Gebräuche.

Wer die unscheinbaren grünen Blütenkolben einmal herzhaft mit den Fingern gedrückt hat, kennt den zarten, hellen Duft, den frischer Kalmus verströmt. Er lässt einen unwillkürlich an spritzige Orangen denken, bevor man erkennt, dass sein Aroma vielschichtiger ist. Das

Asaron ist für seine eigenständige Note verantwortlich. Das ß-Asaron des Kalmus hat eine ähnliche Wirkung wie Chlorpromazin, ein starker Tranquilizer. Da bei hoher Dosierung asaronhältige Kalmuswurzeln halluzinogen wirken können und außerdem das ß-Asaron unter dem Verdacht steht, krebserregend zu sein, ist der im freien Handel erhältliche Kalmus asaronarm. Das für die Parfumherstellung wichtige Kalmusöl wird hingegen aus asaronreichen Sorten gewonnen.

Die Kalmuswurzel hat ein recht eigenwilliges Aroma.

Nichtsdestotrotz schaffte sie es, auf das indische und ostasiatische Gewürzbrett zu gelangen. Der pulverisierte oder fein gemörserte Kalmus wird mit Zimt, Vanille und Muskatnuss - je nach Lust und Laune sowie Geschmack - kombiniert. Auch in verschiedenen Currymischungen taucht er auf.

Bei uns in Europa frönte man im 18. Jahrhundert dem Kalmuskandis. Das war eine Pastille, die aus hauchdünnen, kandierten Scheiben des Kalmus zubereitet wurde. Diese wurde vor allem bei Husten, Magenbeschwerden und zum Schutz vor Infektionen gelutscht.

So unscheinbar die Pflanze am Uferrand steht und sich daher oft nicht finden lässt, obwohl sie da ist, so beachtlich sind ihre guten Eigenschaften:

- Allen, die unter bachkieselkalten Händen und Füßen leiden, seien Kalmusbäder und auch der Genuss von Kalmuslikör oder Tee ans Herz gelegt. Der Tee empfiehlt sich ebenso bei nervösen Herzschmerzen.
- Jagt einen die Überreiztheit den letzten Schlaf aus den Gliedern, so ist ein Kalmusbad, mit Lindenblüten angereichert, ein wohliger Ausweg. Dieses ist gleichwohl bei Erschöpfung und Nervenschwäche angebracht.

- Grundsätzlich beruhigt, harmonisiert und stärkt Kalmus den Menschen. Laut den Cree-Indianern (Sie nennen den Kalmus 'Moschusratten-Wurzel' kurz *wee-kees*) dient das Kauen seiner Wurzelstücke einerseits dazu, sich jung und gesund zu erhalten, andererseits dazu, seine aphrodisischen Kräfte auf sich wirken zu lassen. Zu beachten ist, dass die Wurzelstücke nur ausgekaut werden. In unseren Breiten hingegen wird Kalmusmost (siehe Rezeptteil) zubereitet und zu gleichem Zwecke getrunken.

- Ebenfalls pflegt Kalmus nicht nur sein äußeres Erscheinungsbild, sondern auch das seines Sudtrinkers. Er verschönert das Hautbild, wobei er vor der Mundschleimhaut nicht Halt macht und auch zur Festigung des Zahnfleisches verwendet wird. Auch das Haupt kann er verschönern helfen, da sein Absud den Haarboden stärkt. Er fördert, wie viele andere hautpflegende Pflanzen, die Wundheilung und hilft bei Erfrierungserscheinungen.

- Seine bekanntestes und berühmtestes Einsatzgebiet ist der Magendarmtrakt. Kalt angesetzt und über Nacht ziehen gelassen, hilft er übersäuerten, nervösen Mägen. In unzähligen Magenlikören hat er zu Recht ein Plätzchen gefunden. Kein Wunder, vertreibt er doch Blähungen, Appetitlosigkeit sowie Magenschwäche und bringt die Gallensekretion ins Gleichgewicht.

Verwendung

- Bäder
- Tee
- Likör
- Öl (Vorsicht, nicht innerlich oder nur gut verdünnt: 4 Tropfen auf 100 ml Speiseöl einnehmen)

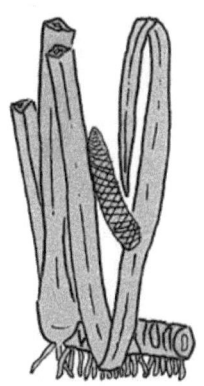

Verbreitung

Der Kalmus liebt nährstoffarme, feuchte Böden und Teichränder. Heutzutage wächst und gedeiht er in Nordamerika, Europa und Asien. In unseren gemäßigten Breiten vermehrt er sich, ebenso wie das mittelmeerstämmige Zauberkraut Immergrün, nur ungeschlechtlich durch Wurzeltriebe. Beiden Pflanzen ist es bei uns, je nach Sichtweise, zu kurz warm oder zu schnell kalt. Nach der Blüte bleibt dem Kalmus und dem Immergrün nicht genug Zeit, um vor dem Einbruch des winterlichen Frostes Früchte zu bilden. Daher vermehren sie sich bei uns lediglich über die Wurzelsprossen.

Der im Handel erhältliche Kalmus wird meist in etlichen Staaten der ehemaligen Sowjetunion, verschiedenen Balkanländern, sowie in Indien, Japan und Korea gezogen.

Katzenkralle

Uncaria tomentosa

»Cat's Claw« (Katzenkralle),
»Uña de gato« (Kralle des Katers)

Bekanntheit erwarb sich diese nette Ranke in unseren Breiten erst in den 70er Jahren des vergangenen Jahrhunderts. Mitgeholfen hat ein Innsbrucker: Klaus Keplinger. Er wurde der Pflanze, 'Saventaro', von einem Medizinmann der Ashaninkas in Peru vorgestellt. Zur damaligen Zeit (1959) wütete die Cholera und der Heiler bot im Tausch gegen Penicilin die Pflanze an. Jedoch erst einige Jahre später ließ sich der Tiroler die Heilwirkung der Liane erklären. Restlos überzeugt hat ihn das Schicksal des Sägewerksbesitzers, Luis Schuler, aus Zentralperu, der an Lungenkrebs erkrankt gewesen war - sein damaliger Zustand wird dem Wort hoffnungslos gerecht - und der mit Hilfe von Katzenkrallenabsud und radiologischer Bestrahlung gesundete.

Daraufhin regte der Tiroler zahlreiche Untersuchungen über diese Pflanze an. Diese führten 1994 zum ersten Internationalen Kongress über die Katzenkralle in der Schweiz, der von der WHO gesponsert wurde.

Mag sein, dass in Europa die Katzenkralle erst seit Kurzem ihre Bewunderer hat. In Amerika wird sie schon seit über 2000 Jahren gerne in Medizinen gesehen. Übrigens wurde sie auch zur Empfängnisverhütung verwendet. Dazu wurden fünf bis sechs Kilogramm Krallendornenwurzeln so lange in Wasser ausgekocht bis nur mehr eine Tasse Flüssigkeit vorhanden war. Diese wurde täglich nur während ihrer Periode von der Frau eingenommen. Das geschah drei Monate hindurch und sollte dann eine Sterilität von drei bis vier Jahren nach sich ziehen.

Jedoch ist sie bei den Einheimischen so beliebt, da sie bei sehr vielen Krankheiten verwendet werden kann. Sie hat dort fast den Ruf eines Allheilmittels.

Jetzt einige Gründe, warum dem so ist:

- Wegen ihrer entzündungshemmenden Wirkung haben nicht nur Katzenliebhaber, die man leicht an ihren dünnen roten Kratzspuren an den Händen und Armen erkennt, ihre helle Freude an dem Pflänzchen. Sie beruhigt auch Entzündungen im Magen und Darmtrakt. Weiters stellt sie das Gleichgewicht der Darmflora wieder her.

- Sie ist eine Pflanze, der man eine immunregulatorische Wirkung zu spricht. Warum?
Die Katzenkralle hemmt bei rheumatoider Arthritis die hoch aktivierten, gegen den eigenen Körper gerichteten Immunzellen (autoreaktive Lymphozyten) in ihrer Zellteilung, während sie gleichzeitig ruhende Abwehrzellen (T- und B-Zelle) zur Vermehrung anregt. Damit wird die Autoimmunerkrankung gemildert, wobei gleichzeitig das Immunsystem in seiner den Körper schützenden Funktion gestärkt wird. Ebenso führt die Erhöhung der Aktivität der T-Zellen zu einer günstigen Beeinflussung einer bestehenden HIV-Infektion.

- Eine Antitumor- und antimutagene Wirkung konnte dem Wurzelrindenextrakt nachgewiesen werden. Außerdem mildert es, unterstützend bei einer Chemo- oder Strahlentherapie verabreicht, viele der negativen Nebenwirkungen wie Haarverlust, Gewichtsverlust, Nebeninfektionen und Hautprobleme.

- Auch bei Infektionen der Atemwege sowie bei Lungenschäden durch Rauchen, ob aktiv oder passiv, wirkt der grüne Klimmer entgegen. Hierbei kommt seine antibakterielle, antivirale und radikalfangende Funktion zum Tragen.

- Ebenso wirkt sich das Extrakt der Pflanze auch günstig auf das Herzkreislaufsystem aus. Es setzt die Blutgerinnung herab, senkt den Cholesterinspiegel und auch den Puls. Die Blutgefäße werden entspannt. Das führt in Folge zu einem beschaulichen Blutdruck.

- Frauen können auch bei Zyklusschwierigkeiten getrost zur Katzenkralle greifen. Den Tee bereitet frau sich meist aus ein bis zwei Teelöffel - und nicht aus mehreren Kilos Pflanzenwurzel, aber es gilt trotzdem: 'Vorsicht ist die Mutter der Porzellankiste'. Daher, sollte frau die Finger von der Kratzenkralle lassen, wenn sie einen Kinderwunsch hegt.

- Wie die Cashibo, ein Stamm aus dem Osten Perus, sagen 'Katzenkralle normalisiert den Körper.'
Daher wird sie auch geschwächten Personen verabreicht.

Verwendung

– Wurzelextrakt
  (0,5 – 1g zur Immunstimulation; 3 - 4 g für Arthritis)
– Tee der Wurzel

Das österreichische Präparat Krallendorn ist verschreibungspflichtig. Bei anderen Extrakten bitte darauf achten, dass die extrahierte Pflanze wirklich *Uncaria tomentosa* ist, denn die Bezeichnung Katzenkralle steht in ihrer Heimat für mindestens 18 verschiedene Pflanzen.
Bitte achten Sie auch beim Kauf des Tees darauf, dass er aus nachhaltiger Bewirtschaftung stammt.

Verbreitung

Die Liane kann bis zu 30 Meter in die Höhe streben, wobei ihr die namensgebenden Krallen zu einem sicheren Halt verhelfen. Die schüchternen, hübschen Blüten erinnern an die der Mimose. Sie leuchten ebenso in sattem Gelb, aber mit kleinen weißen Spritzern.
Heimisch ist die Pflanze im Regenwald des Amazonas und in anderen tropischen Gegenden Süd- und Zentralamerikas.

Maca

Lepidium meyenii

Die Knolle, die aus der Kälte kam. Ihre Heimat ist das Junín-Hochplateau (3.800 - 4.500 ü. d. M.) in Peru. Der Wind singt über der steinigen Erde, trocknet sie aus, trägt sie fort, die Sonne brennt, dörrt den steinigen Boden. Auch im August kommen Schnee und Frost zu Besuch. Die Luft ist dünn. Die Heimat der kultivierten Maca-Pflanze. Ihr wilder Verwandter wächst an der Grenze zum ewigen Eis. Wenige andere Pflanzen schlagen hier Wurzeln - zu erwähnen an dieser Stelle ist der knollige Sauerklee. Wen wundert es, dass Maca trotz Einbrüchen von grimmiger Kälte wächst. Dass die Blätter sich ducken und an den Boden schmiegen. Dass die Knolle alles in sich rafft und Böden erschöpft. - Die Nährstoffdichte an Mineralien ist außergewöhnlich. – Dass die Knolle im ersten kurzen Sommer nach der Saat wächst und erst im zweiten unwirtlichen Lebensjahr Blüten und Früchte trägt.

Die Indianer der Anden erhandelten sich - in Ermangelung anderer Tauschgüter - mit Maca Reis, Getreide, grünes Gemüse und Bohnen von den tieferliegenden Indianern. Sie trockneten Maca in der Sonne, um sich Vorräte anzulegen (eine getrocknete Wurzel hält bis zu sieben Jahre) und aßen und essen es täglich. Wenn Maca eine so kräftigende und stärkende Pflanze ist, wie meist beschrieben, so sollte man sich vorstellen, dass die Hochlandindianer ein kräftiger, vor Gesundheit strotzender Menschenschlag sind. Nun, man wird vergeblich nach dem Hochlandherkules Ausschau halten. Doch während man sich mit Müh und Not auf den Beinen halten kann, vor Sauerstoffentzug kaum schläft und die Haut mit Sonnenschutz versorgt, wird man Menschen sehen, die hier ihren Alltag leben: arbeiten, schlafen, essen, lieben, Kinder kriegen. Und man wird sich fragen, wie die das bloß schaffen.

Die Conquistadores, welche das Inkareich erobert hatten, stellten fest, dass ihr Viehbestand sich in der Höhenlage nicht ausreichend vermehrt. Die Indianer empfahlen den Spaniern, an die Tiere Maca zu verfüttern. Die Ergebnisse waren so bemerkenswert, dass die spanischen Chronisten detaillierte Aufzeichnungen darüber machten. Und so wurde Maca als Zahlungsmittel für die Steuern von den Spaniern akzeptiert.  Ein Ende setzte dem die päpstliche Bulle 'Omnipotentis Dei' von Papst Georg XV.. Er erschwerte mit ihr die Verurteilung wegen Zauberei in Deutschland (man durfte nur hingerichtet werden, wenn auch ein Todesopfer vorlag und andere Verbesserungen), verbot darin jedoch alles, was einen Christen vom rechten Weg abkommen und hin zur Anbetung von Götzen führen könnte. Neben Meerschweinchen war auch Maca ein verderbend Ding.

Und da die Schweizer sehr pragmatisch sind und Zuchtbullen nur solange füttern, wie diese guten Samen geben, wird es die Jungbullen freuen zu erfahren, dass Maca die Bildung bewegungsfähiger Spermien anregt und auch die Zahl der Samenzellen mit DNS-Schäden reduziert. Und so konnten auch nicht mehr so junge Zuchtbullen mithalten und ihren Aufenthalt am Futtertrog verlängern und gleichzeitig vermeiden zu schnell im Kochtopf zu landen. Die Tiere bekamen über zehn Wochen 233 mg getrocknete Wurzeln/kg Körpergewicht pro Tag. Das macht bei einem 80-Kilo-Mann ca. 20 g pro Tag.

Wurzel – eigentlich eine Hypocotylknolle – ist nicht gleich Wurzel.

Einerseits zeigt die Knolle Farbe: milchweiß, rettichrot, schmutziggelb und gestreift in rot und weiß.

Andererseits ist ihr Nährstoffgehalt abhängig von dem Boden, auf dem sie Wurzeln schlägt und auch die extremen Standortbedingungen, denen sie auf der Hochebene ausgesetzt ist, bestimmen ihre Zusammensetzung. Sehr viele Forscher sind sich einig, dass nur die Pflanzen, welche Höhenluft schnuppern durften und ein karges, hartes Leben führen mussten, Pflanzen sind, die Wirkung erzeugen.

Die Nährstoffe einer typischen Hochland Maca (10g getrocknet):

Aminosäuren:

Alanin	63,1 mg
Arginin	99,4 mg
Asparaginsäure	91,7 mg
Glutaminsäure	156,5 mg
Glycin	68,3 mg
Histidin	41,9 mg
Prolin	26,0 mg
Isoleucin	47,4 mg
Leucin	91 mg
Lysin	54,5 mg
Methionin	28,0 mg
Phenylalanin	55,3 mg
Prolin	0,5 mg
Sarkosin	0,7 mg
Serin	50,4 mg
Threonin	33,1 mg
Thryptophan	4,9 mg
Tyrosin	30,6 mg
Valin	79,3 mg

Mineralien:

Calcium	25,0 mg
Kupfer	0,6 mg
Eisen	1,5 mg
Iod	52 µg
Mangan	80 µg
Kalium	205,0 mg
Natrium	1,9 mg
Zinc	380 µg

Vitamine:

B_2	39 µg
B_6	114 µg
C	28,6 mg
Niacin	565 µg

Man sieht hier gut, wie der Bedarf der lebenswichtigen Aminosäuren (Isoleucin, Leucin, Lysin, Methionin, Phenylalanin, Threonin, Thryptophan und Valin) von Maca gedeckt wird.

Viele der Wirkungen von Maca lassen sich darauf zurückführen, dass es ein wahres Protein-, Mineralien- und Vitamintonicum ist.

Chicha de Maca ist ein peruanisches Bier, gebraut in der Tradition des Maca-Inhaltsgebotes. Es ist süß und duftend und stärkend wie ein Malzbier. Smoothies aus frischem Maca mit Früchten, Zimt, Honig und Wasser oder Milch erfreuen sich steigender Beliebtheit.

- Maca hilft dem Körper bei Stress nicht aus dem Gleichgewicht zu geraten. Man weiß nicht genau wie, aber man nimmt an, dass die üppige Aminosäurenversorgung durch Maca dafür verantwortlich ist.

- Einen guten Ruf hat sich die Pflanze bei sexuell und sportlich Aktiven erarbeitet, da sie ihnen behilflich ist, ihre Leistung zu erbringen und zu steigern.

- Nicht zu vergessen und besonders hervorzuheben ist der absolut belegte, positive Einfluss auf die Fruchtbarkeit. Menschen mit oder ohne Vieh profitieren davon.
- Frauen insbesondere erfahren eine Erleichterung der Wechseljahre. Meist wird eine Besserung nach ein bis drei Monaten Dauereinnahme erreicht. Auch hier wirkt Maca indirekt auf das hormonelle System. Es stellt alle Stoffe zur Verfügung, welche für die Bildung der Hormone notwendig sind. Daher können diese auch in der richtigen Menge gebildet werden. Des weiteren nutzt Maca auch Frauen, welche Probleme mit der Periode haben.
- Traditionell wird es bei Blutarmut und ebenso für Reisen in hoch gelegene Regionen als Aufbaumittel verwendet - ähnlich dem glänzenden Lackporling.
- Gleichfalls traditionell ist die Verwendung als Gedächtnistonikum. Schülern wird vor Prüfungen Maca gegeben, um Gedächtnis und Stressresistenz anzukurbeln.
- Und ganz allgemein ist Maca eine sehr nahrhafte Knolle, die den Körper mit fast allem Notwendigen versorgt.

Verwendung

– Mixgetränke
– Kuchen, Marmeladen etc.
– Pulver und Extrakt

Für Frauenbeschwerden: 2-3 g pro Tag
Für Fruchtbarkeit: 0,2 g/kg Körpergewicht

Verbreitung

Die Knolle kommt in den südamerikanischen Anden in der Höhe von 3.800 - 4.500 ü. d. M. vor. Die Wachstumsbedingungen sind widrig: kurze Vegetationszeit, niedrige Temperaturen, hohe UV-Strahlung, sehr windig und unwirtlich.

Muria Puama

Ptychopetalum olacoides
»Catuaba and muira puama together can make people sexually young again.«
Old shamanwoman Therese

Duft von Jasmin, kleine weiße Blüten, gelbe Früchte, ledrige, stark gezeichnete Blätter und rosafarbene Rinde, die hartes Holz umkleidet, das ist der Baum Muria Puama. Im Amazonasgebiet wachsend und seit Jahrhunderten von den Ureinwohnern in verschiedenstem Gebrauch. Die Ureinwohner am Rio Negro, dem zweitgrößten Nebenfluss des Amazonas, verwenden Holz und Wurzeln der jungen Pflanzen zur Behandlung neuromuskulärer Erkrankungen. Einerseits werden Bäder bei Lähmungserscheinungen, andererseits Rindenabkochungen bei sexueller Erschöpfung, Rheumatismus, Grippe, Herzschwäche und Magen-Darm-Problemen angewandt. In Peru wird ein Tee aus Muria Puama-Holz, Cocablättern, Kolanüssen und Selleriesamen als Kräftigungsmittel getrunken.

Lingum Muira-Puama wird seit Mitte des 20. Jahrhunderts in der brasilianischen Pharmakopöe als Heilmittel gegen Impotenz geführt. In den Sechzigerjahren war es die Basis des Verjüngungselixieres: Josual. Neben dem Potenzholz enthielt es Rinderhodenextrakt, Lecithin, Kolanussextrakt, Yohimbinhydrochlorid, Kalziumlaktat und Strychnin.

Heute ist Muria Puama in der breiten Öffentlichkeit, wenn auch nur für seine amourösen Effekte, berüchtigt. Doch wäre es schön, wenn es auch für seine anderen Heiltaten gerühmt würde.

- Muria Puama beseitigt Impotenz und forciert das Verlangen. Forscher in Frankreich - wo sonst – haben dies amtlich festgestellt. Und nicht zu verachten für die Männerwelt ist, dass es die Glatzenbildung hemmen soll.
- Frauen können bei Regelunpässlichkeiten und Unfruchtbarkeit auf das Holz zurückgreifen.

- Ein großer Wirkungskreis hat Muria Puama auf das Nervensystem:
  - es wirkt geistiger und auch physischer Müdigkeit entgegen,
  - macht es widerstandsfähiger gegen Belastungen,
  - erhöht die Merkfähigkeit,
  - ist bei manchen Depressionsformen hilfreich
  - und schützt die grauen Zellen.
- Bei Lähmungserscheinungen, neuromuskulären Problemen und Rheuma wird Muria Puama auch angewandt.

Verwendung

- Tinktur
- Abkochung
- Extrakt

Muria Puama wirkt erst nach längerem Gebrauch. Die meisten Wirkstoffe sind nur alkohollöslich, daher ist die Abkochung nicht generell zu empfehlen.

Ein Mann, der den Franzosen nacheifern möchte, sollte sich täglich 1,5 g Extrakt einverleiben, damit er eine Libidosteigerung und die Frequenzsteigerung des Geschlechtsverkehrs erfährt oder die Fähigkeit einer Erektion wieder gewinnt.

Ein selbst gemachter Schnaps oder Likör beruhigt, entspannt und macht den Geist weit für Erfahrungen zu zweit.

Für eine Tinktur übergießt man 60 g Muria Puama mit 0,7 l weißem Rum, lässt die beiden 14 Tage reifen und trennt sie dann mit einem Sieb oder Filter. Davon können täglich 90 – 120 Tropfen zu sich genommen werden.

Verbreitung

Die Heimat von Muria Puama ist der Regenwald des Amazonas. Der Baum wird bis zu fünf Meter hoch, trägt gelbe Früchte und weiße Blüten.

Rosmarin

Rosmarinus officinalis

*»Ich hab die Nacht geträumet wohl einen schweren Traum.
Es wuchs in meinem Garten ein Rosmarienbaum.
Ein Kirchdorf war der Garten, ein Blumenbeet das Grab.
Und von dem grünen Baume fiel Kron' und Blüte ab.
Die Blüten tat ich sammeln in einen goldnen Krug;
der fiel mir aus den Händen, dass er in Stücken schlug.
Daraus sah ich Perlen rinnen und Tröpflein rosenrot.
Was mag der Traum bedeuten? Herzliebster, bist du tot?«*

Altes Lied vom Rosmarin aus dem 16. Jahrhundert

»There's rosemary, that's for remembrance, pray you love, remember.«

Shakespeare, 'Hamlet' (Ophelia zu Hamlet)

Rosmarin ist eine altehrwürdige spirituelle Pflanze. Auch wenn dieser mit seinen frisch duftenden Zweigen und den lieblichen blauen Blüten uns weiß machen will, dass nichts luftigeres, leichteres und lebendigeres als er aus der warmen Erde sprießt, so ist er doch ein mythischer Begleiter durch alle Lebenslagen. Er begleitet die Mysterien der Geburt, der Liebe und des Todes. Rosmarin ist laut Ovid ein Kind der Liebe und des Todes, durch die Hand eines strahlendes Gottes zum Leben erweckt.

Helios, der Sonnengott, war der Liebe verfallen, der Liebe zu Leukothoe, die anmutige, betörende, unirdisch Schöne. Er vernachlässigte seine Pflichten. Sein Blick suchte sie unentwegt während er auf dem Sonnenwagen über den Himmel glitt. Seine Sehnsucht nach ihrem Antlitz verlangsamte die Fahrt seines Wagens und die Tage waren länger als es ihnen bestimmt war zu sein. Doch hielt ihn auch Gram von seinem Wagen fern und so waren manche Tage dunkel wie sein Gemüt, bis er sich ihr endlich offenbarte. Doch der goldene Schimmer seiner Liebe erhellte die beiden nur kurz. Leukothoe wurde von der eifersüchtigen Klytie an ihren Vater, den persischen König Orchamos, verraten. Erzürnt gräbt dieser eine tiefe

Grube in die dunkle Erde. Lebend verschüttet er Leukothoe unter Erdreich und Steinen. Helios vermag sie nicht zu retten. Damit sie, wenn auch tot, doch wieder die Luft berühren kann, sprengt der Sonnengott wohlriechenden Nektar auf ihr Grab.

»Sieh, da zergeht alsbald, durchdrungen vom himmlischen Nektar,
Schmelzend der Leib und tränkt mit duftigen Tropfen das Erdreich;
Und aus den Schollen gemach, darinnen er Wurzel geschlagen,
Hebt sich ein Weihrauchstamm und zerteilt mit der Spitze den Hügel.«
(Ovid, 'Metamorphosen')

Der harzige, verlockende Duft des Rosmarins, der sich auf ewig ins Gedächtnis prägt, ist flüchtig. Doch die Erinnerung daran bleibt erhalten. So ist das Leben der Menschen auch flüchtig. Doch es bleibt den Hinterbliebenen die Erinnerung. Deswegen wurden wohlriechende Rosmarinkränze auf das Grab gelegt. Ebenso wurde der Leichnam häufig mit Rosmarinöl gesalbt. So wurden den Seelen der Verstorbenen duftende Flügel verliehen. In vorchristlicher Zeit sollte sich der Verstorbene durch Rosmarin als Grabbeigabe in der jenseitigen Welt verjüngen.

Keimende Liebe braucht soviel Zuwendung wie ein Zweiglein, das Wurzeln in der Erde schlagen soll. Jungverliebte steckten daher ein Rosmarinzweiglein in aufgelockerten Boden wuchs es an und trieb Zweige wie Blüten, so gab es kein glückverheißenderes Omen für ihre Liebe. In Österreich trug in manchen Gegenden früher die Braut ein Zweigchen Rosmarin im Schuh.

Das 'Aqua Reginae Hungaria'- Ungarischer Königinnengeist – förderte die Berühmtheit des Rosmarins ungemein. Mit seinem Destillat wurde die 72-jährige gelähmte Königin Isabella von Ungarn behandelt und so verjüngt, dass der erheblich jüngere König von Polen um ihre Hand anhielt. Wahrscheinlich hatte hier mehr die Politik, denn das Heil des Rosmarins seine Hände im Spiel. Jedoch die gute Königin ließ sich nicht freien.

Wenn wir gerade beim Thema freien sind, wenn Griechen davon sprechen, Rosmarinwein zu trinken, so kann das auch bedeuten, dass sie eine Liebelei haben.

Auf der grünen Insel Großbritannien hielt sich ein Orakel lebendig. In wessen Fenster ein Rosmarinstrauch prächtig gedeihend prangt, dort hat die Frau die Hosen an. Dieses Orakel soll manchmal mit Hilfe einer Schere zum Kappen der Wurzeln und dem Dunkel der

Nacht aktiv zu Gunsten des Mannes geändert worden sein.

Nichtsdestotrotz ist ein üppiger Rosmarinstrauch nicht nur hübsch, sondern auch nützlich - jedoch nicht allein in der Küche oder um zu beweisen, wer das Regime führt.

- Rosmarin wäre kein Küchenkraut, würde er sich nicht günstig auf die Verdauung auswirken. Er ist krampflösend, lindert daher Blähungen und regt die Verdauung, die Leber und die Galle an.
- Er stärkt den Kreislauf, die Blutgefäße und den Blutdruck.
- Bei Verletzungen, Prellungen und blauen Flecken beschleunigt er die Wundvernarbung. Auch bei Rheumatismus und Nervenschwäche wird gern auf ihn zurückgegriffen.
- Sein Öl ist durchblutungsfördernd, gefäßerweiternd und antiseptisch. Es sollte jedoch nie pur auf die Haut gebracht werden, da dies Hautreizungen auslösen kann.
- Husten, Herzklopfen und Schlaflosigkeit kann er mit seinen nervenberuhigenden und krampflösenden Eigenschaften entgegenwirken.

- Er verbessert die Gedächtnisleistung, erhöht die Konzentrationsfähigkeit und steigert das Durchhaltevermögen.
- Bei Menstruationsschmerzen ist er auch eine gute Pflanze.
- Ebenso bringt er unser Immunsystem wieder auf Touren und wirkt vitalisierend.
- Rosmarin ist auch ein Radikalfänger.
- Er klärt ein unreines Hautbild und kann auch zur Gesundung der Kopfhaut mittels Haarspülungen beitragen.
- Will man oder frau in den Genuss seiner aphrodisischen Gaben kommen, so ist ein Bad die erste Wahl. Er erfrischt die Sinne, sensibilisiert die Haut, macht sie empfindsam für Berührungen und öffnet den Geist für die Liebe.
- Räucherungen mit ihm sind gleichermaßen herzöffnend, anregend und aphrodisisch.

Verwendung

- Küche
- Bäder
- Salben
- Tee
- Tinktur

Verbreitung

Da Rosmarin gerne in Meeresnähe wächst, wird er eigentlich Meertau genannt (lateinisch *Ros marinus*). Seine zierlichen, hellblauen Blüten erinnern an feine Tautropfen, die sich im Morgendunst an den schmalen Blättern der Pflanze gesammelt haben.

Dieser mediterrane Strauch, der im Süden hohe Hecken bilden kann und in der Antike eine der beliebtesten Gartenpflanzen war, ist gemeinhin nicht winterhart. Jedoch kann er, an einer Hauswand gepflanzt und gut mit Stoff zugedeckt, einen Winter überstehen. Und hat man dann noch eine Spezialzüchtung gewählt, die 'winterhart' ist wie 'Arp', 'Blue Winter', 'Hill Hardy' etc., dann treibt er im Frühjahr fast immer wieder aus.

Petersilie

Petroselinum crispum

»Petersilie, Suppenkraut wächst in meinem Garten.
[Mädchenname] ist die Braut, soll nicht länger warten.
Hinter einem Holderbusch gab sie ihrem Schatz 'nen Kuss.
Roter Wein, weißer Wein morgen soll die Hochzeit sein.«
Ringelreihenlied über das Mündigwerden und Heiraten.

Die Petersilie steht in dem Lied für die Weiblichkeit. (Sie ist ein Periodenmittel, dient der Milchregulation, wird ebenso auch bei Unfruchtbarkeit verwendet.) Ergänzend dazu ist roter Wein ein Bild für die erste Blutung und weißer Wein für den Samenerguss. Manche Bräute in Galizien haben Brot und Petersilie unter den Arm geklemmt, damit böse Geister fernbleiben oder das Weite suchen. So mysterienhaft erscheint die Petersilie heute nicht mehr. Man spricht gerade noch davon, dass es einem die Petersilie verhagelt hat, wenn man sehr betrübt und traurig ist. Und noch profaner klebt sie nun an Salzkartoffeln oder ziert als schmuckes Grün beladene Teller.

Im Gegensatz zu unserer heutigen Ignoranz gegenüber der Petersilie steht gleichfalls, dass die Ägypter ihre Toten mit Kränzen aus Eppich und Petersilie bestatteten. Die antiken Griechen erscheinen hier lebenslustiger. Sie bekränzten sich mit Petersilie, um bei einem weinseligen Fest der Trunkenheit Einhalt zu gebieten. Im Mittelalter hielt man Petersilienstängel für mächtig genug, Liebeszauber zu verursachen. In Anspielung daran wurden die Gassen, in denen das älteste Gewerbe der Welt Hof hielt, Petersiliengassen genannt. Die Engländer umschreiben heute noch das Liebesspiel mit den Worten 'parsley bed'.

Wenden wir uns jetzt der heilsamen Seite dieses allzeit zu habenden Küchenkrautes zu:

- Die Petersilie wäre nicht vom Heilkraut der Antike zum Küchenkraut der Moderne geworden, wenn sie sich nicht sehr günstig auf den Magendarmtrakt auswirken würde. Sie weckt den Appetit – jeder Wirt wird ihr das danken - , regt die Verdauung an und löst Krämpfe sowie Koliken.
- Wahrscheinlich fand sie ihren Weg in die Kochtöpfe auch, weil sie ein grüner Brunnen für Vitamine und Mineralstoffe ist. Blutarme, Apathische und Genesende sowie alle, denen es an Energie und Spannkraft mangelt, können von ihr nur profitieren. Auch enthält sie ein sehr wirksames Antioxidans, das Apigenin, ein Flavonoid, dass auch allergische Reaktionen mildern kann.
- Auf den Kanaren ist man überzeugt, dass der Genuss von roher Petersilie neben Löwenzahn, Endivie und Rauke eine gute sexuelle Gesundheit fördert.
- Sie ist stark harntreibend und hilft dem Körper bei der Giftausscheidung. Außerdem hilft sie bei Wasseransammlungen im Gewebe.
- Sie ist entzündungshemmend und fiebersenkend.
- Ein großer Schwerpunkt ihres Wirkens liegt beim weiblichen Geschlecht. Sie kann eingesetzt werden, um das Ausbleiben der Regel rückgängig zu machen. Daher sollten auch schwangere Frauen von einem erhöhten Petersilienkonsum Abstand nehmen - mag sie auch noch so viele Nährstoffe haben. Nach der Geburt jedoch regt sie die Muttermilchbildung an und führt dazu, dass sich der Uterus wieder zusammenzieht (Wurzel und Samen). Äußerlich aufgelegt, hilft sie bei Milchstauungen.
- Sie erhält aber auch die Haut schön, indem sie entgiftet und Wasseransammlungen im Bindegewebe den Kampf ansagt. Auch leichte Quetschungen bringt sie schneller zum Verschwinden, wenn man sie einnimmt.

Ein kleiner Hinweis:
Heftig viel Petersilie ist nichts für Schwangere oder Nierenkranke und Vorsicht mit dem ätherischen Öl, man kann es leicht überdosieren und dann wird es giftig!

Verwendung
- Küche
- Tee

Verbreitung

Ihr wissenschaftlicher Name *Petroselinum* weist sie als Felsensellerie aus, der auch in Gottes weitem Feld zu finden ist. Aber da sie mit dem Schirling verwechselt werden kann und das Züchten dieser Pflanze eine solche Selbstverständlichkeit geworden ist, so bevorzugen sie bitte die Pflanze aus Bauers- oder dem eigenen Garten.
Übrigens, wenn Sie Petersilie säen, denken Sie daran, entweder so richtig zornig zu sein oder zu lachen, denn nur dann wächst sie wirklich gut (ein slowenischer Brauch). Doch beachten Sie, dort glaubt man auch, dass der stirbt, bei dem man in Gedanken weilt, während man eine Petersilienpflanze versetzt.

Nährstoffgehalt auf 100 g:

Vitamine:		*Mineralien:*	
Vitamin A	12.100 I.E.	Calcium	1.000 mg
Vitamin C	166 mg	Kalium	1.000 mg
Vitamin E	2,7 mg	Eisen	8 mg
Niacin	2,8 mg	Kupfer	0,5 mg
Folsäure	170 µg		

Anaphrodisiaka

Falls es des Guten zu viel war, sollte man immer ein Gegenmittel zur Hand haben. Deswegen stelle ich Ihnen jetzt die zwei berühmtesten Liebestöter vor, wobei beide ein sehr ansprechendes, um nicht zu sagen - im Falle der Seerose - ein wahrlich bezauberndes Äußeres haben. Doch lassen Sie sich vom Schein nicht täuschen.

Mag die Weide auch zeitig im Jahr mit goldgelben Kätzchen verlocken, so ist sie doch ein Baum der Keuschheit. Ein kühler Baum, der Fieber senkt und Begierden löscht. Er wurde in Klostern von Mönchen und Nonnen gepflanzt. Noch Matthiolus, ein berühmter italienischer Arzt und Botaniker, 1501 – 1577 n. Chr., verschrieb einen Absud von Weidenblättern zur Minderung der Lust und Unkeuschheit. Und wer die Liebe unterlässt, ist allzu oft allein. So zeigte früher in der Blumensprache an, dass, wer Weidenblätter trug, einsam und verlassen war.

Keuschlamm

Vitex agnus-castus

»*Er wird Agnos [= der Keusche] genannt, weil ihn bei den Thesmophorien die Frauen, die ihre Keuschheit bewahrten, als Lager benutzten, Lygos [= biegsame Gerte] aber wegen der in den Zweigen befindlichen Straffheit oder weil er den Drang zum Beischlaf mäßigt*«
Dioskurides I, 134

Ein hübscher Strauch mit zierlichen Blättern und zarten Ästen. Zierliche, blaue Blütenrispen schmücken ihn zur Sommerszeit. Ein wahrer Schmuck für jedes Kloster. Nicht nur, dass er für die Einhaltung der klösterlichen Ordnung sorgt, aus ihm lassen sich auch vortrefflich Körbe flechten.

Obwohl in mittelalterlichen Klöstern mit ihm geräuchert, er auf den Boden gestreut und in Betten gestopft wurde - alles zum Zweck der Bannung 'teuflischer Begierde' - so taucht er später dennoch in marokkanischen aphrodisischen Mischungen auf.

Seinen Namen, Keuschlamm bzw. *agnus* (Lamm) *castus* (keusch), verdankt er seiner Wirkung auf den männlichen Teil der Welt. Seine Samen enthalten ein Hormon, das die Libido von Männern nachweislich senkt. Ihrem Wahlspruch 'Similiar similibus curantur' ('Gleiches mit Gleichem heilen.') entsprechend, wird seine Urtinktur in der Homöopathie zur Behandlung von Impotenz, aber auch von Depressionen und Nervenschwäche eingesetzt.

Keuschlamm ist ein allgemeines Beruhigungsmittel und gestagenähnlich.

Doch hat er insbesondere für die Frauen weit mehr gute Seiten aufzuweisen.

- Er senkt den Prolactinspiegel bei Frauen, der beim prämenstruellen Syndrom (PMS) meist krankhaft erhöht ist und mildert somit das PMS. Dazu nimmt frau einen halben Teelöffel Tinktur vor dem Frühstück und das über mehrere Monate.

- Weiters verstärkt er die Progesteronproduktion sowie die des luteinisierenden Hormons (LH) und des Prolaktins (LTH).
- Sein Trockenextrakt regt die Muttermilchbildung an.
- Er reguliert den Zyklus bei zu starker und zu häufiger Regel.
- Außerdem bringt er, den sich in den Wechseljahren verändernden, Östrogenhaushalt wieder ins Lot.
- Er wird auch verwendet, um Fasergeschwülste und Entzündungen der Uteruswand zu behandeln. Nicht zu vergessen ist, dass er auch den Eisprung nach dem Absetzen der Pille normalisiert. Frau sollte dazu drei bis sechs Monate dreimal täglich eine Tasse Tee trinken. Seine Wirkung setzt nach acht bis zwölf Wochen ein.

Verwendung
- Tinktur
- Trockenextrakt
- Tee

Verbreitung
Im Mittelmeerraum bei allen gut bepflanzten Klöstern und auch in freier Wildbahn.

Seerose

Nymphaea alba

»Im waldgeschützten Grunde ein stiller Weiher ruht,
Von Abendsonnenstrahlen glimmt rosigroth die Fluth,
Viel breite glänzende Blätter, die schwimmen auf dem Teich
Und träumend schließt die Krone, die Wasserrose bleich.«
Franz von Gaudy

Wer diese wunderschöne 'Blume der Keuschheit' von Angesicht zu Angesicht gesehen hat, kann keinen Zweifel daran haben - große Liebe hat diese Pflanze geschaffen. Große und unerfüllte Liebe einer Nymphe zu dem Idol ihrer Zeit, Herkules. Die Nymphe verzweifelte und zerbrach, da Herkules keine Augen für sie hatte. So starb sie. Ihr lieblicher Leichnam verwandelte sich in die Seerose. Die Gestalt ihrer Wurzel erinnert an eine Keule, und in Anbetracht des Verursachers der Verwandlung, wurde die ganze Pflanze in der Antike auch Herkuleskeule genannt.

Später im Mittelalter war sie eine sehr Begehrte, schließlich brauchte man ihre Blüte für Liebeszauber und Amulette. Doch ihre Ernte war ein Wagnis. Kein Teich bewuchert von ihr, der nicht von gefährlich verführerischen Nixen bewohnt wurde. In einer Vollmondnacht mit von Wachs verschlossenen Ohren tauchte der Sammler in die Fluten - betend, dass ihn weder der Gesang der Nixen, noch ihre gierigen Hände in die Tiefe des Wassers ziehen würden. Manch einer starb vor Schrecken, als lediglich schleimige Blätter wässriger Gewächse seine Schenkel streiften.

Heutzutage wird sie ohne viel Federlesens geerntet.

»...Weiter wird sie gegen Pollutionen getrunken, denn sie hebt dieselben auf, bewirkt auch, wenn man sie einige Tage anhaltend trinkt, Schlaffheit des männlichen Gliedes. Dasselbe tut auch der Genuss des Samens.«
Dioskurides III, 138

> »Den Geschlechtstrieb hebt ... die Nymphaea Heraclia auf, und zwar für vierzig Tage, wenn man sie nur einmal trinkt; nüchtern getrunken oder als Nahrung zu sich genommen, verhindert sie wollüstige Träume. Auch die Wurzel, auf die Geschlechtsteile gestrichen, hebt nicht nur den Geschlechtstrieb auf, sondern auch den Samenüberfluss; deshalb soll sie Körper und Stimme stärken.«

Plinius XXVI, 94

Kein Wunder, dass sie im Mittelalter als 'Blume der Keuschheit' gepriesen wurde und Nonnen sowie Mönche auf sie zurückgriffen. Das Kloster Ternsee führte sogar die weiße Seerose im Wappen.
Die französische Redewendung *il a bu de l`eau de volet* - 'er hat vom Wasser der Seerose getrunken' für jemanden, der saft- und kraftlos ist, besticht durch Ausdruckskraft.

Chinesisches Rezept bei vorzeitigem Samenerguss

100 g Staubgefäße der Lotusblüte
100 g wilde asiatische Seerose (Euryale ferox)
100 g Drachenknochen (hier sind Dinosaurierknochen gemeint)
100 g Austernschalen - 100 g Gallapfel des Rhus chinensis
100 g Poria cocos ('Virginia truffle')

Alle Zutaten werden fein gemahlen und gut vermischt. Von diesem Pulver werden morgens und abends auf leeren Magen je 10 g in Wasser aufgelöst eingenommen. Diese Kur sollte ein bis zwei Monate durchgezogen werden.
Spätestens bei den Dinosaurierknochen wird klar, dass es weit günstiger ist, aus der Seerosenwurzel Sirup zu kochen oder Tee zu brühen. Auch kann man ihre Wurzeln in Wein ausziehen, wenn man ihre stark beruhigende und schlafförderliche Wirkung nutzen will.

Verwendung

- Tee
- Sirup
- Alkoholischer Auszug

Verbreitung

In idyllischen Teichen unserer Breitengrade.

Linde

Tilia sp.

*»Unter der Linde auf der Heide,
wo unser gemeinsames Bett war,
könnt ihr es noch sehen:
gebrochene Blumen und gedrücktes Gras
vor dem Wald in einem Tal
- Tandaradei -
wie schön hat die Nachtigall gesungen.«*

Walther von der Vogelweide

Die Linde, ein weiblicher Baum, der für Frieden und Schutz steht. Sie säumt Alleen, krönt den Dorfplatz und versüßt Träume und Geist. Ihre Blüten ziehen die Bienen magisch an. Sie summen und schwirren im Geäst, sodass man früher vermeinte, die Göttin Freya zu hören, welche ihr Mittsommerlied sang.

Die Lindenblüten erwecken im Winter, als Tee getrunken, die Erinnerung an den Sommer und die Sonne. Sie wehren die Unbill der kalten und unbarmherzigen Jahreszeit ab.

Ihr Blütenaufguss schenkt sommers wie winters Ruhe und Gelassenheit, gleich ihrer Ausstrahlung. Ein Bad in ihrem Aufguss lässt den Nervösen, Hektischen und Überreizten in seiner eigenen Mitte ankommen. Es befriedet die Nerven und verschafft Entspannung und Schlaf.

Trinkt man den Tee regelmäßig, so verhilft er zu ruhigen Nächten, frischen Morgenstunden und entspannten Tagen. Und wie soll Liebe wachsen, wenn nicht in einem gelassenen Herzen.

Verwendung

- Tee
- konzentrierter Absud (Kompressen)
- Bäder (Ganzkörper- oder Hand- und Fußbäder)

Verbreitung

Die Linde ist eine typischer Baum in unseren Breiten. Seine Äste recken sich je nach Art 15 bis 25 Meter in die Höhe, sein Duft und seine Blüten prägen die lauen Sommerabende am Dorfplatz, im Gastgarten, in Alleen und in Mischwäldern.

Kleines Nachwort

Stress und Ärger sind die Anaphrodisiaka schlechthin. Ihrer Wirkung kann sich kaum ein Mensch entziehen.

In früheren Zeiten hatten die bösen, lebensfeindlichen Kräfte, die in uns diese Liebestöterstimmungen wecken, andere Gestalt. Es ist nicht mehr der Hagel, der späte Frost oder andere wetterliche Kapriolen, die unser Leben mit negativer Spannung versetzen. Heute sind es Vorgesetzte, Wirtschaftkrisen und andere Autofahrer, die unangenehmes Herzklopfen und Sorgen in unser Leben 'hexen'.

Die Ursachen kann man mit Pflanzen zwar nicht bekämpfen, aber die Symptome lassen sich unter Anwendung des alten Spruchs beseitigen:

»Baldrian, Dost und Dill, kann die Hex nicht wie sie will.«

Baldrian entspannt ohne einzuschläfern, Dost ist unser 'Kräutlein Wohlgemut' und Dill macht kleine Kinder still. Eine heilige Dreiblättrigkeit der Mutter Natur, die uns heiter durchatmen lässt. Gleichen Labsal beschert uns auch der Glückstee.

Glückstee

1 Teil Linde - 1 Teil Kamille - 1 Teil Verbene - 1 Teil Minze

Dieser Tee ist kein Anaphrodisiakum, sondern ein Getränk das entspannten Schlaf fördert. Er beruhigt Geist und Seele, macht sie frei für andere Dinge.

Johanniskraut, das Sonnwendkraut schlechthin, zaubert Sonne in unsere Herzen. Sein Wirkstoff Hypericin macht die Haut sonnenempfindlich - also nichts für Sonnenanbeter. Außerdem ist er wasserlöslich und daher nicht in Öl, sondern nur in Tee und Trockenextrakt zu finden.

Und bitte denken Sie daran, Voltaire nannte den Kaffee das Getränk der Kapaune. Weniger Kaffee und mehr Tee sorgt für mehr Liebe und mehr Lust.

Danksagung

Für das wunderbare Bild mit dem kleinen Racker und den Macas danke ich Ed Smith, auch genannt 'Herbal Ed'.
Er ist Mitbegründer von Herb Pharm und erfahrener, weitgereister Kräuterheilkundiger.
Vieles über ihn erfährt man unter diesen Links:

www.herb-pharm.com
www.herbaled.org

Für die Bilder des Kalmus und der Engelwurz danke ich Willi Bedek, dem Meister der Biotope.
Offiziell findet man ihn und seine Firma unter:

Mag. Wilfried Bedek
Technisches Büro f. Biologie
Markt 89
A-5431 Kuchl

Für die Pilzbilder bedanke ich mich herzlich beim GAMU Institut für Pilzforschung und Dr. Lelley. Wer viel mehr über Pilze wissen will, ist dort gut aufgehoben.

GAMU GmbH
Hüttenallee 241
D-47800 Krefeld
gamu.de

Zum Schluss, aber nicht zuletzt, ein kuscheliges Danke an alle, bei denen ich ein Bild von ihrer Küche und/oder ihrem Sofa machen durfte.

Literaturquellen

- Arvingo, Rosita und Balick Michael; 'Rainforest Remedies'; Lotus Press, Twin Lakes 1998
- Aschl, Monika; 'Mit Gewürzen und Kräutern kochen und heilen'; Ennsthaler Verlag, Steyr 2001
- Bown, Deni; 'DuMont's Grosse Kräuter-Enzyklopädie', Dumont Buchverlag, Köln 1996
- Balch, Phyllis A.; 'Prescription for Herbal Healing'; Avery Trade, USA, 2002
- Brinckmann, Josef und Smith, Ed; 'Maca culture at the Junín Plateau'; BLV, München Wien Zürich, 1996
- Clément C, et al.; 'Effect of maca supplementation on bovine sperm quantity and quality followed oder two spermatogenic cycles.', Theriogenology 74 (2010) 173-183
- Compton K.C.; 'Natural libido enhancers', herb companian magazine, Jul./Aug. 2003
- Fazzioli, Edoardo; 'Des Kaisers Apotheke', Weltbild Verlag GmbH, Augsburg 2000
- Gilbert Udall, Kate; 'Cordyceps sinensis', Woodland Publishing, Pleasant Grove 2000
- Gibelmann, Rolf et al.; 'Kulturgeschichtliches zur Alraune', T + K, 2002
- Hobbs, Christopher; 'Medicinal Mushrooms', Botanica Press, Summertown 1995
- Hoffmann, Klaus-Ulrich; 'Rheuma heilt man anders', Vier Flamingos Verlag, Rheine 1991
- Jaén, José; 'Kanarische Volksmedizin', Centro de la Cultura Popular Canaria, Tenerife 1997
- Karger-Decker, Bernt; 'Gifte Hexensalben Liebestränke'; Albatros, Düsseldorf 2002
- Kellner, Jessica; 'Get Back Your Get-Up-and-Go with Maca'; herb companian magazine, Nov./Dez. 2005

- Losch, Fr.; 'Kräuterbuch'; Bechtermünz Verlag, Reprint Augsburg 1997
- Leung, Albert Y.; 'Chinesische Heilkräuter'; Eugen Diederichs Verlag, München 1995
- Mességué, Maurice; 'Das Mességué Heilkräuter Lexikon'; Moewig, Wien - München - Zürich 1980
- Mességué, Maurice; 'Lernen wir wieder zu Lieben'; Verlag Fritz Molden, Wien - München - Zürich 1975
- Mességué, Didier; 'Liebestrank Aphrodisiaka und die Kunst des Liebens'; Ullstein Verlag, Frankfurt/ Berlin 1992
- Miller, Richard Alan; 'Die Kräuter meines Vaters'; Wilhelm Heyne Verlag, München 1983
- Nissim, Rina; 'Naturheilkunde in der Gynäkologie', Orlanda Frauenverlag, Berlin 1998
- Paturi, Felix R. ; 'Heilschnäpse und Kräuterliköre'; Ludwig, München 1998
- Perikos, John; 'The Chios Gum Mastic'; Print all ltd. Graphic Arts, Athen 1993
- Pütz, Jean et Lelley Jan I.; 'Lebenselixiere Pilze: vitalisierend, heilend, potenzsteigernd'; vgs, Köln 2001
- Puhle, Annekatrin, 'Alraune'
- Psilakis Nikos und Maria; 'Die Kultur der Olive Olivenöl', Karmanor, Crete 1999
- Rätsch, Christian; 'Die „Orientalischen Fröhlichkeitspillen"'; VWB, Berlin 1995
- Rätsch, Christian; 'Die Regenwaldapotheke'; Ullstein, Berlin 1999
- Rätsch, Christian; 'Lexikon der Zauberpflanzen'; VMA-Verlag, Wiesbaden 1988
- Rätsch, Christian; 'Indianische Heilkräuter'; Diederichs Verlag, München 1999
- Rieder, Marilise; 'Geschichte der Zauber und Arzneipflanzen'; Bauhinia 18, 2004
- Seng, G. et al., 'Naturheilverfahren und Homöopathie'; Hippokrates Verlag, Stuttgart 1986
- Sheik Nefzawi; ‚The Perfumed Garden'; Nikol Verlag 2009

- Storl, Wolf-Dietrich, 'Pflanzen der Kelten'; AT Verlag, Arau, Schweiz 2000
- Taylor, Leslie; 'Herbal Secrets of the Rainforest'; Prima Health 1998
- Taylor, Leslie; 'The healing power of Rainforest herbs'; Square One Publishers 2010
- Treben, Maria; 'Gesundheit aus der Apotheke Gottes'; Ennsthaler Verlag, Steyr 1996
- Vincent, Jean-Didier; 'Biologie des Begehrens'; Rowohlt, Hamburg 1992
- 'Verbesserung der sexuellen Erlebnisfähigkeit durch *Turnera diffusa*', Der Bayerische Internist, 5/01, 2001
- Willard, Terry; 'Reishi - der Wunderpilz der alten Chinesen'; Heyne Verlag, München 1999

Index

Alant 81,82
Alraune 38,33,91 ff
Alfalfa 52
Aloe 79
Amber 35,36,45
Anis 25,49,50,55,71,75,76,79
- öl 70
Apfel 34
Arnikablüten 81
Basilikum 21,41,82
- samen 44
- öl 66
Balsambirne 23
Bärenklau 18,80
Bärlauch 42,51
Beifuß 81,88
- öl 70
Benzoe
- harz 75
- öl 65
Berberitzenbeeren 24
Bergamotte
- öl 64,65
Bertramwurzel 44
Bernstein 45
Bockshornklee 19
Bohnenkraut 18,20,21,22
- öl 65
Boretsch 32
Breitwegerich 81
Brennnessel 18,20,25,41,43,53,55, 87,116
Catuaba 20,95 ff

Chayennepfeffer (Chili) 18,21,37, 45,50,56
Chuchuhuasi 39
Clementinier
- öl 65
Curcuma (Gelbwurz) 50,54,75
Damiana 21,22,31,33,37,38,43, 55,75,76,101 ff
Dill 87
Dost 64
Drachenbaumharz 38,76
Eberraute 87
Eberwurz 79
Edelraute 48,81
Ehrenpreis 81,89
Engelwurz (Angelika) 43,51,79, 80,81,105 ff,107
- samen 79,82
Enzianwurzel 25,29,30,79,80,82
Estragon 52
Fenchel 50,79,82,116
Frauenmantel 89
Galgant 29,30,38,41,45,49,50,80
Geranien
- öl 69
Gewürznelke 18,21,22,29,30,35, 36,37,45,48,49,55, 63,64,80
- öl 66
Gingko 23,25
Ginseng 20,23,33,36,43,109 ff
Gotu Kola (ind. Wassernabel) 25
Guajakholz 20

Guarana 22,121 ff
Hafer 57
- *flocken* 40
- *grüner* 25
Hagebutten 34
Haselnuss 86,87
Heidelbeere 80
Helmkraut 76
Himbeerblätter 25
Hirschzungenfarn 81
Ho-Blättter
- *öl* 65
Honigkraut 31
Ingwer 19,20,22,23,25,29,31,35,
 38,41,50,54,55,56,116
Iriswurzel 48
Jasmin
- *blätter* 35
- *blüten* 69
- *öl* 35,64-66,68,69,70
Jatoba 22
Johanniskraut 33,86,155
Kaktusblüte 21
Kalmus 43,49,56,64,71,75,76,
 125 ff
Kampfer 48,79,80
Kawa Kawa 21
Kakao 18,37,55
Kamille 34,64,115
- *öl* 69
Kardamom 18,45,49,50,55,56,75,
 76
- *öl* 68,69
Karotten
- *öl* 68

Kassia
- *öl* 65
Katzenkralle 129 ff
Keuschlamm (Mönchspfeffer)
 33,149 ff
Kichererbsen 53
Klettenwurzel 23,26
Klettenlabkraut 85,86
Knabenkraut 81
Knoblauch 18,48,51,52,54,57,116
Knoblauchrauke 116
Kolanüsse 38
Königskerze 31
Koriander 29,39,50-52,54,71,
 75,76,79
-*öl* 69
Kreosotbuschblätter 24
Kresse 52
Kreuzkümmel 50,56,82
Kombu 116
Kümmel 49
Kürbiskerne 50,56
Lackporling 113 ff
Lärchenporling 82
Lavendel 30,48
- *öl* 70
Liebstöckel 38,52,69,75
Lilie 88
Linde 153 ff,155
Litsea
- *öl* 65
Lobelienkraut 76
Lotus 152
Löwenzahnwurzel 116
Maca 19,55,133 ff
Macis 29,38,39,49,50,64,81

Mais 18
- *bart* 18,80
Majoran 30,63,82
Mandeln 36
Manna 79
Mannstreu 71
Mate 22,25
Mahonie 24
Maguerite 85
Minze 18,21,22,23,24,25,29,30,
    32,37,48,51,55,63,64,76,
    81,82,115
Mimose
- *öl* 65
Melisse 38,63,80,81
Mohn 50
Moschus 45,75
Muria Puama 21,30,31,137 ff
Muskatnuss 21,29,35,45,49,50,63,
    75,76,126
Myrrhe 79,82
Myrhte 31
Olibanum 75
Orange
- *blüten* 21,29,69
- *blatt* 29
- *schale* 23,25,29,55
- *wurzel* 24
- *öl* 61,66,68,70
Oregano 63
Palmarosa
- *öl* 65
Passionsblumenkraut 76
Patchouli
- *öl* 66,68,69,70

Peperoni 35
Petersilie 20,49,52,143 ff
Pfeffer 50,82
- *Matico* 18
- *Kubeben* 29,82
- *langer* 45,49,50
Piment 18,37
Pistazien 54
Pomeranzen
- *blüte* 21
- *öl* 35,66
Portulak 51
Quendel 39
Raupenpilz 97 ff
Rhabarber 30,31,33,36,79,80,82,
    89
Renette 35
Reishi sh. Lackporling
Rettich
- *öl* 68
Rosmarin 21,22,25,29,30,42,48,
    63,64,66,75,82,88,139 ff
- *blüten* 80
- *öl* 65,70
Rosen
- *blüten* 22,33,34,69,70
- *wasser* 37,55
- *öl* 65,66,68,70,75
Rosenholz
- *öl* 65
Rosengeranie
- *öl* 65
Rosinen 56
Rotklee 25
Sabalbeeren 31

Salbei 30,42,48,63,64,80,82
- Muskateller 36
- Muskateller öl 65,68,69,70
Safran 30,79,82
Sägepalme 23
Sandelholz 75,76
- öl 64-66,69,70
Sarsaparilla 23
Sassafrasholz 20
Schachtelhalm 20
Schafgarbe 80
Schlafbeere 23
Schnittlauch 52
Schminkwurz 71
Seerose 151 ff
Sellerie 20,38,52,116
Senf 87
- öl 68
Sennesblätter 79
Shitakii 116
Sternanis 21,31,45,64
Süßholz 20,22,23,26,54
Tausendgüldenkraut 80
Tee 117 ff
Thymian 30,39,48,63,81,82
- öl 76
Tragant 116
Trüffel 59
Tuberose
- öl 65
Vanille 18,19,21,23,31-39,44,55, 69,71,126
- öl 64
Veilchenwurzel 75
Verbene 22,115

Vogelbeere 26
Wacholder
- beeren 63,64,69,80
- zweige 63
- öl 65,68
Walnussblätter 43
Weide 147
Weihrauch
- harz 75
- öl 70
Weidenröschen 43
Wermut 30,52,79,80
Ylang-Ylang
- öl 64,66,68,69,70,75
Ysop 81
Zahnwehholz 23
Zimt 18-23,25,29,30,33-37,39,41, 44,45,48-50,55,56,63,64,75, 76,81,82,126
Zitronengras 25
Zitronen
- schale 32,39
Zitwerwurzel 29,55,79
Zwiebel 18,40,53,57,116
- Schalotte 52

Mit Gewürzen und Kräutern kochen und heilen

Rezepte für
die Heil- und Kochkunst

Anbau - Ernte - Konservierung

Monika Aschl
Ennsthaler - Verlag

Dieses Buch zeigt, wie allein mit dem Würzen von Speisen auf individuelle Schwachpunkte des Körpers und akute Erkrankungen eingegangen werden kann. Es sammelt einfache Rezepte, die erklären, wie man mit Zutaten, die jeder zur Verfügung hat, wirkungsvolle Heilmittel herstellen und wie man mit Aromaten Stimmungen beeinflussen kann. Es stellt von (A)nis bis (Z)imt eine große Zahl von schon in Vergessenheit geratenen Gewürzpflanzen vor, rückt die gebräuchlichen in ein neues Licht und entdeckt die Heilkraft von Kräutern neu.